Las fuentes del Derecho Romano

Cuadernos CIVITAS

Directores: Manuel Alonso Olea, Luis Díez-Picazo, Eduardo García de Enterría, Jesús González Pérez, Aurelio Menéndez, Gonzalo Rodríguez Mourullo y Rodrigo Uría.

Juan Iglesias
Catedrático de Derecho Romano

Las fuentes del Derecho Romano

EDITORIAL CIVITAS, S. A.

Primera edición, 1989

Editorial Civitas, S. A.
Grúcer, 3. 28017 Madrid (España)
ISBN: 84-7398-663-6
Depósito legal: M. 18.417-1989
Compuesto en A. G. Fernández, S. A.
Oudrid, 11. 28039 Madrid
Printed in Spain - Impreso en España
por Gráficas GAR. Polígono Industrial Cobo-Calleja
Fuenlabrada (Madrid)

Indice

Las fuentes del Derecho Romano

INTRODUCCION

1. El presente estudio —y su propia extensión lo denuncia— no tiene por objeto un examen detenido y largo de todas y cada una de las "esferas normativas" o, si se prefiere, de las "fuentes integradoras" del ordenamiento jurídico romano.

Nuestro propósito se endereza a dilucidar si todas las fuentes que figuran en los elencos de Pomponio (D.1.2.2.12), Gayo (1.2) y Papiniano (D.1.1.7) entran o no en la categoría de "creadoras de Derecho". Así las cosas, no tenemos por tales ni a la *iurisprudentia* ni a la actuación pretoria, nombrada esta última por las expresiones, entre sí comunicadas, de *iuris dictio* y *ius honorarium*. Salvo que...

Nuestra tesis es ésta: desde un punto de vista formal, legal, constitucional o como decir se quiera, ni los juristas ni los pretores son "creadores de Derecho", como tampoco abrigan la "creencia" de ser tales. Salvo que una jugada maestra —romana al ciento por ciento— sabe reemplazar, en ciertos casos, lo real legal y permanente por lo real ocasional y bullente, y nada prefijado o reglamentado.

Pese a la firmeza de lo real legal, de la norma civil eterna, con sus límites o cortapisas a las actuaciones jurisprudencial y pretoria, la infiltración de lo "creativo", por sutil obra de éstas, resulta evidente. Se produce una "creación encubierta", una creación enmascarada, merced a la cual, y sin lenguaje escandaloso —y lo sería el que hablara de "creación", a secas—, se salva la saludable contradicción que supone conciliar un *ius civile* "intocable" con medidas de todo punto progresoras.

Situados en este terreno, reafirmamos nuestra idea de que es preciso ahondar lo más posible en el intramundo del espíritu romano, porque ahí, precisamente ahí, tiene su madriguera el Derecho.

Si se bucea en lo interiorizado de ese espíritu, salen a luz no pocas cosas que escapan al escalpelo del método riguroso y formalista [1].

---

[1] Iglesias, *Estudios: Historia de Roma. Derecho romano. Derecho moderno*, 2.ª ed. (Madrid, 1985), pág. 147 y sigs.

El espíritu romano se define, entre otras cosas dignas de relieve, por prestar atención decidida y constante al entresijo de situaciones reales que erigen a la vida misma en el eje rector de cuanto roza con lo humano.

Quien logra adentrarse en el espíritu de Roma, está en situación de captar los "secretos" de su Derecho, porque éste es manifestación de aquél. Importa, pues, zambullirse en la entraña del primero, para captar en el espíritu del Derecho, en su oculta encarnadura, la razón de tantas sinrazones que lo son sólo en apariencia.

Secas maneras de técnica jurídica apartan la indagación de algo tan necesario como es el descubrimiento de lo que agita al Derecho en sus propios sótanos, donde vienen a comunicación las varias fuerzas culturales que le sirven de apoyo y espoleo.

La "lectura histórica", referida a cualquier campo, y ninguno con fronteras acotadas, exige prestar cuidadosa atención a los "datos", pero a sabiendas de que éstos no descubren, por sí solos, la pura realidad.

Nos mostramos consonantes con esto: «El auténtico historiador tiene que saber cernir los testimonios llegados hasta él para poder decidirse a aprovecharlos en su integridad o parcialmente, pero tiene además que saber interrogar a los que juzgue dignos de ser recogidos y escuchados. Porque esos testimonios no descubren a las claras el ayer. Es necesario inquirir qué quisieron decir en verdad los autores de un relato, de un poema, de una inscripción; qué ideas, problemas o intereses movieron a los redactores de una escritura o de una ley; qué sensibilidad o inquietud —personal o colectiva, nueva o tradicional— impulsó al sacerdote, al pensador o al artista... Es preciso indagar la luz que arrojan todos esos testimonios diferentes sobre el tema en estudio, habido en cuenta el significado mismo que les concedieron los autores» [2].

Derecho, sociedad, cultura, tratados que sean en sus no palpables empalmes, pueden brindarnos imágenes hasta ahora desusadas o inéditas. Pueden, sin más, descifrarnos no pocos enigmas [3].

Carecemos, los romanistas, de no pocos testimonios, de no pocos datos, de no pocas fuentes, debiendo conformarnos con fragmentos, con restos o muñones. Pero es que si se diera la fortuna de contar con una información completa, sin necesidad de búsqueda expresa o por gracia de una re-construcción formal, acabada y plena, de los textos, no por eso acabarían las dificultades que trabajan al historiador del Derecho romano.

---

[2] SÁNCHEZ ALBORNOZ, *España, un enigma histórico,* 3.ª ed. Buenos Aires, 1971), pág. 26. Cfr. TALAMANCA, *Esperienza scientifica. Diritto romano,* en *Cinquanta anni di esperienza giuridica in Italia.* Messina-Taormina, 3-8 novembre 1981, pág. 775.

[3] Léase en nuestros *Estudios,* cit., pág. 24, lo que dice Fray Jerónimo de San José, en su *Genio de la Historia,* sobre la faena del historiador.

En tal supuesto, en el de "contar con toda la prueba documental", sería menester hacer preguntas a los textos legales y jurisprudenciales, porque unos y otros, aparte de referirse a un mundo que no es el nuestro, silencian tantas veces la conexión de lo jurídico con la plenaria vida socio-cultural romana [4].

2. La Escuela Histórica del Derecho, a la que tanto debe la ciencia romanística, es culpable —si se nos autoriza este lenguaje— de haber creado el mito de la "perfección" en punto al Derecho romano clásico [5].

La imagen de unos juristas que forman "bloque" [6]; la creencia de que éstos son ajenos a incertidumbres dogmáticas; la idea incluso de que no tienen tropiezos con la gramática, han venido contribuyendo a que nuestra representación de ellos se vea empañada en grado superior a lo por mucho de nosotros no percibido y hasta deseado.

Todo esto, y mucho más, podría decirse a propósito de una jurisprudencia que, pese a lo que queda denunciado, llevó a cabo una tarea tan brillante como fecunda.

---

[4] Cfr. SCHULZ, *Prinzipien des römischen Rechts*, Munich, 1934, pág. 14 y sigs.
[5] STANOJEVIC, *Gaius et les romanistes, Sodalitas A. Guarino*, 5 (1984), pág. 2511 y sigs.
[6] IGLESIAS, *Espíritu del Derecho romano*, Madrid, 1980, página 68 y sigs.

3. Es el caso, y a esto vamos, que tenemos por plausible la esforzada labor de la ciencia romanística dirigida a re-componer los textos llegados hasta nosotros. Pero tal labor, digna siempre de loa, repito, ni puede parar en eso ni puede hacerse tampoco con una manera de asepsia que lleve a encerrar lo jurídico romano dentro de un campo enajenado de su ''circunstancia'', porque ésta es el obligado horizonte, la forzosa perspectiva, el inevitable teatro de representación de la vida del Derecho.

Queremos significar, ante todo y sobre todo, que la obra de creación jurídica, de establecimiento de normas asistidas de ''legitimidad'', responde en Roma a una constante histórica: la de que el Derecho es fruto de creación comunal, a partir de creencias anidadas, acunadas en sacrosanto pretérito.

El común de los romanistas está de acuerdo en que el ámbito del Derecho privado apenas se ve rozado por la intervención estatal, de suerte que la relevancia, en este aspecto, de la *lex,* del *senatusconsultum* y de la *constitutio principis* es mínima.

Se explica, debe explicarse el menguado intervencionismo de los órganos estatales en el campo del Derecho privado por la lisa y llana razón de que éste viene considerado por principios ungidos en la más vieja hora como Derecho eminentemente "familiar". El tradicionalismo hace de la *familia* el eje y centro de las determinaciones jurídicas, no viéndose nunca desmentida la idea de que «el *paterfamilias* es el gran protagonista del Derecho privado».

Patente lo dicho, esto es, advertido que el comicio, el senado y hasta el propio príncipe se muestran respetuosos con esta significación tradicional —entregada de unos a otros— del Derecho privado, cabe preguntar si la jurisprudencia y la actuación pretoria pueden representar una excepción, debiendo tomarlas por fuentes de creación, por fuentes constitutivas de Derecho. Y nosotros respondemos por la negativa, aunque con la salvedad ya hecha.

Mas, la dicha pregunta no puede quedar suelta. Hay que sumar a ella la que surge ante la afirmación, hoy cada vez más frecuente, de que en Roma mandan las clases prepotentes, y para beneficio propio. ¿Cómo es que éstas, dominadoras en el comicio y en el senado, no se alzan por encima del añejo, del ancestral repertorio jurídico colectivo? ¿Cómo es que el mayestático príncipe no se revela tampoco contra el tradicional estado de cosas?

¿Qué decir de la jurisprudencia y de la pretura? ¿Es que la una y la otra sirven de refugio para que la oligarquía logre, en vía subrepticia, lo que no puede afrontar resueltamente? No creemos, como se verá luego, que tal ocurra, para llegar, en definitiva, a tenerlas por fuentes creadoras de Derecho.

La historia romana ofrece un claro ejemplo de cómo en Roma quien tiene el Poder *no puede todo;* de cómo en Roma las clases populares se significan por su adhesión al prestigio —a la *auctoritas*— de los que mandan [7]; cómo, en fin, un hábil juego de compromisos o transacciones evita cualquiera fractura o rompimiento grave [8].

Son siempre de citar los compromisos o transacciones entre patricios y plebeyos, que desembocan en la instauración del tribunado de la plebe y en una serie de *leges* que zanjan los problemas nacientes de la oposición entre ambas clases y permiten la consolidación de la *res publica;* entre el común popular y el *princeps,* tras la crisis republicana, y pese a que aquél no comulga con la idea de que el Mando recaiga en una sola cabeza.

Lo dicho pone de relieve, de un lado, que en Roma, por ser las cosas como son y no como nosotros las imaginamos, el respeto a lo que el común popular tiene por "verdad" al-

---

[7] NICOLET, *Le métier de citoyen dans la Rome républicaine,* París, 1976, pág. 9. Cfr. pág. 521.

De advertir es, de todos modos, que el sistema magistratual —magistraturas temporales, colegiales y honorarias, con el juego de las *intercessiones*— contribuye mucho a que el Mando no se des-mande.

[8] Véase IGLESIAS, *Roma: claves históricas,* Madrid, 1985, página 40 y sigs., pág. 112 y sigs.

canza a los que mandan; de otro, que la oligarquía no se refugia en los "suyos" —y tales son, por lo común, los juristas y los pretores— para cambiar lo que la mente social tiene por perdurable, aunque susceptible de renovación.

El romano sabe conjugar tradición y progreso, de suerte que la esencia de lo radical, adaptándose a las nuevas circunstancias, permanezca. Y la jurisprudencia y la pretura obran en consecuencia, y no sólo y siempre al servicio de una moral parcial o partidista.

Significativas son estas palabras de De Martino, relativas a la limitación del *imperium* de los magistrados en tiempos de la ordenada *res publica:* «Fuerzas monárquicas, aristocráticas y democráticas, en armonioso equilibrio, operaban en la República cual aparecía en Polibio VI,11»[9].

Y estas de Pugliese, referentes al buen obrar de los pretores, al margen y por encima de la *intercessio* y del juicio desfavorable de la opinión pública: «los magistrados romanos han dado pruebas luminosas de ser también sensibles a vínculos solamente morales y de poder desentenderse de un sistema riguroso de controles»[10]. Y estas otras del propio autor, que hablan del «carácter práctico de la jurisprudencia romana, su mentalidad progresista admirablemente armonizada con su innegable tradicionalismo»[11].

---

[9] De Martino, *La giurisdizione nel diritto romano,* Padua, 1937, pág. 81, núm. 1.

[10] Pugliese, *«Actio» e diritto subiettivo,* Milán, 1939, página 139.

[11] Pugliese, *ob. cit.,* pág. 144, núm. 1.

4. Si estamos de acuerdo con Orestano en que cualquier elemento del Derecho romano, en cualquiera de sus épocas, no puede ser considerado «fuera de su matriz histórica», añadimos nosotros que por ésta tenemos el "espíritu", en la plenitud de sus referencias a la compleja y total vida romana. El nada chico problema del "espíritu" —*Geist? Wer ist denn, der Bursche?»,* preguntaba SCHOPENHAUER, malhumorado e insolente [12]— nos sale a cada paso, para instarnos a un trato con todo eso entre sí comunicado que se llama Derecho, Estado, sociedad, política, economía, lenguaje y religión, y que tiene por fundamento y envolvente a la cultura.

La tarea es difícil, pero merece la pena intentar, cuando menos, el toparse un instante con ese «mozo» —con ese *Bursche*—. O, en última instancia, el aproximarse a él. Porque, ¿acaso la historia es algo más que una "aproximación"? [13].

Se dirá que discurrir por todos esos campos que dicen a la cultura, como manera de columbrar el entrañado sentido del Derecho, es tarea poco menos que imposible para ser realizada por cada uno de nosotros, romanistas. Se dirá que el conocimiento de nuestro "propio territorio", del específicamente jurídico, exige el despliegue de duros empeños y fatigosos trabajos.

---

[12] Citado por ORTEGA Y GASSET, *Obras Completas,* 6 (Madrid, 1947), pág. 25.
[13] IGLESIAS, *Roma: claves históricas,* cit., pág. 17 y sigs.

Se dirá, en fin, que sólo en el reino de la Utopía es concebible el oficio de especialista en especialidades.

Pero a todo eso cabe responder con palabras de Saavedra Fajardo, y que son éstas: «Una profesión sin noticia ni adorno de otras es una especie de ignorancia, porque las ciencias se dan la mano y hacen un círculo» [14].

Si no se puede ser "especialista" en varias maneras de ciencia, todavía es posible, a más de necesario y conveniente, avizorar desde propia atalaya el horizonte, la línea de visión del discurso histórico. Tal discurso nos habla de cosas o sucesos de razón distinta, de alteraciones o mudanzas, de movimientos rítmicos o desacompasados, de tonos firmes o mudadizos, pero también, y esto importa mucho, de tres o cuatro "invariantes" o "constantes" por las que se define, de modo inconfundible, el "modo de ser" de todo un pueblo.

Apuntamos con esto a una Roma que eterniza su noción del Derecho —el *ius civile* es lo "intocable"—, acompasando a ella, con expedientes o argucias que rayan, a veces, en lo sibilino, la varia suerte de nuevas demandas o exigencias. A una Roma que eterniza su noción de la política, sorteando toda clase de peripecias con instrumentos o instituciones apropiados a lo que reclama la *occasio,* por manera que veteranas y raigadas ideas logren mantenerse, de un modo o de otro, tensas o flojas, a la luz o solapadas. Así, por ejemplo, la idea del "republicanismo"; así la idea de salvación de lo romano, conexa a la idea imperial.

Lo jurídico se vincula a la costumbre, y no ya al "código"; lo político, a régimen de normas fluidas,

---

[14] SAAVEDRA FAJARDO, *Idea de un príncipe político-cristiano. Representada en cien empresas,* 1 (Madrid, 1959), pág. 63.

sin fijación de Constitución o *Charta Magna,* e incluso sin dar nombre a las varias formas de gobierno.

De todo eso mucho podría hablarse. Mas, dejémoslo así, para rematarlo con palabras de Mommsen: «La investigación histórica no pretende ser un diario del mundo. Busca, más bien, las alturas, los puntos dominantes, para desde allí, desde esos puntos, conseguir contemplar, en felices momentos, la ley invariable de lo necesario» [15].

[15] MOMMSEN, *Schr.,* V (1854), pág. 384, citado por SCHULZ, *Derecho romano clásico,* trad. esp. de SANTA CRUZ TEIJEIRO (Barcelona, 1960), pág. 2.

I. FUENTES DEL DERECHO PRIVADO

La expresión «fuentes del Derecho», hoy de tan frecuente uso, no tiene correspondencia en el lenguaje de los juristas romanos, si bien late en el pensamiento de algunos de ellos.

La palabra *fons* [1] aparece en el historiador Livio, al decir que las XII Tablas son *«fons omnis publici privatique iuris»* [2]. Aunque no de modo expreso, sino agazapada en inusual y feliz metáfora, la encontramos en POMPONIO, cuando afirma que de la ley decenviral *«fluere*

[1] *Fons,* de *fundo,* gr. *khýden, khéō.*

[2] LIVIO, 3.34.6. El propio LIVIO (3.34.7) habla de *«corpus omnis Romani iuris».* La palabra *fons* se encuentra también en CICERÓN, *De leg.,* 1.6.20: *Visne ergo ipsius iuris ortum a fonte repetamus?;* y en GELIO, *N. A.,* 10.20.7: *Sed totius huius rei iuris que, sive cum populus sive cum plebs rogatur, sive quod ad singulos sive quod ad universos pertinet, caput ipsum et origo et quasi fons «rogatio» est.*

coepit ius civile» [3]. Y también, aunque no metafóricamente, en PAPINIANO, al hablar de dónde dimana, de dónde *«venit»* el *ius civile* [4].

POMPONIO se muestra próximo a los retóricos del siglo I a. de C., cuando habla de *«partes iuris»* [5], con lo que se indican "esferas normativas" ya asentadas, pero indicadoras, en definitiva, de las "fuentes" de que provienen [6]. De todos modos, en la expresión *«partes iuris»* no deja de esconderse la metáfora, antes señalada, de la "fluencia", y tanto más si se emparenta *«pars»* con *pario* [7], en el sentido de alumbrar, engendrar, dar a luz.

De todas suertes, Pomponio tiene por Derecho civil propiamente dicho (*«proprium ius civile»*), entendido como algo enterizo, y no ya como *«pars iuris»*, al que, naciente de las XII Tablas, se casa con la interpretatio de éstas: *«(ius) compositum a prudentibus»* [8]; *«proprium ius civile, quod sine scripto in sola prudentium interpretatione consistit»* [9].

Dejando de lado las no siempre afortunadas teorizaciones modernas a propósito del "concepto de fuentes del Derecho" [10], y atendida

[3] POMPONIO, D.1.2.2.6.
[4] PAPINIANO, D.1.1.7.
[5] POMPONIO, D.1.2.2.5.
[6] PUGLIESE, *Istituzioni di diritto romano,* Padua, 1986, página 27 y sigs., pág. 207 y sigs.
[7] Cfr. *prthukah* (sánscrito); *far* (antiguo alto alemán).
[8] POMPONIO, D.1.2.2.5.
[9] POMPONIO, D.1.2.2.12.
[10] DE CASTRO Y BRAVO, *Derecho civil de España,* Madrid, 1984 (reedición en un sólo volumen de los publicados en 1949 y 1952), pág. 327 y sigs.

la cuestión de la "competencia normativa", resulta que en Roma el poder crear reglas dotadas de eficacia jurídica se centra en varias y distintas esferas.

Visto lo que dicen POMPONIO, GAYO y PAPINIANO, en textos que transcribimos a seguido, como "esferas normativas" del ordenamiento jurídico romano hay que señalar éstas: leyes, plebiscitos, senadoconsultos, constituciones de los príncipes, edictos de los magistrados y jurisprudencia [11].

POMPONIO, D.1.2.2.12:

Ita in civitate nostra aut iure id est lege constituitur, aut est proprium ius civile, quod sine scripto in sola prudentium interpretatione consistit, aut sunt legis actiones, quae formam agendi continent, aut plebiscitum, quod sine auctoritate patrum est constitutum, aut es magistratuum edictum, unde ius honorarium nascitur, aut senatus consultum, quod solum senatu constituente inducitur sine lege, aut es principalis constitutio, id est, ut quod ipse princeps constituit pro lege servetur.

GAYO, 1.2:

Constant autem iura populi Romani ex legibus, plebiscitis, senatusconsultis, constitutionibus principum, edictis eorum qui ius edicendi habent, responsis prudentium.

---

[11] POMPONIO, *«interpretatio prudentium»;* GAYO, *«responsa prudentium»;* PAPINIANO, *«auctoritas prudentium».*

Papiniano, D.1.1.7pr.:

Ius autem civile est, quod ex legibus, plebis scitis, senatus consultis, decretis principum, auctoritate prudentium venit.

El común de la ciencia romanística tiene por fuentes integradoras o constitutivas del ordenamiento jurídico romano todas las dichas, dando por bueno lo que afirman, en términos no clara o suficientemente explicativos, los textos jurisprudenciales transcritos. Y es aquí, por verdad, donde disentimos de la opinión sentada por la generalidad de la doctrina.

Sin perjuicio de posteriores explicaciones, advertimos, de pronto, varias cosas:

i) En los elencos de los juristas mencionados no figuran los *mores* [12], siendo así que éstos constituyen el grueso del *ius civile.*

Tal silencio queda salvado si se tiene en cuenta que sobre los *mores,* con registro cierto, aunque no absorbente, en las XII Tablas, trabaja la *interpretatio.* Con los *mores* acogidos por las XII Tablas —y con los no sometidos por éstas ni a reforma ni a "fijación"— se en-

[12] Verdad es que Gayo (1.1=Inst. J., 1.2.1; D.1.1.9) habla de *«omnes populi qui legibus et moribus reguntur»,* e invoca los *mores* en sus propias Institutiones, 4.26 y sigs., y en varios textos del Digesto: D.23.2.8; D.49.15.19 pr. Sobre menciones hechas por otros juristas, así como por autores literarios, véase Albanese, *Premesse allo studio del diritto romano,* Palermo, 1978, pág. 87, n. 39.

trelaza la *interpretatio,* hasta el punto de que Pomponio hable de *«proprium ius civile, quod sine scripto in sola prudentium interpretatione consistit»* [13].

Si de las XII Tablas, a las que se aplica la *interpretatio, «fluere coepit ius civile»* [14], importa saber en qué razón y medida dieron registro a los *mores,* y aquí, y sin entrar en mayores abundamientos, creemos que cabe sustentar las siguientes e hipotéticas conclusiones: *a)* las XII Tablas, en la hora de su promulgación, dejan en vigor el grueso de los *mores* predecenvirales atañederos al Derecho privado; *b)* someten a régimen de fijación, en aras de aconsejada certeza, un número leve de los vetustos preceptos relativos a este último; *c)* establecen —y aquí está el fuerte del *corpus* decenviral— un régimen procesal decididamente enderezado al logro de una "seguridad" en la afirmación y la tutela de los derechos.

A todo eso se sobremonta, en momento posterior, un conjunto de máximas o adagios fijados y reconocidos por la jurisprudencia pontifical y dados a conocer a la opinión pública, hacia el año 300 a. de C., por Gneo Flavio [15].

Sea como fuere, resulta difícil, por no decir imposible, desenredar esa distintamente dispuesta manera de preceptos que, a falta de transmisión epigráfica, vienen trabajados de varia suerte por la tradición oral, y no sin que el peso de ésta deje de influir sobre la *interpretatio prudentium.* Advirtamos, en todo caso,

---

[13] Pomponio, D.1.2.2.12.

[14] Pomponio, D.1.2.2.6.

[15] Cfr. De Francisci, *Storia del diritto romano,* 1.1 (Milán, 1943), pág. 251; Franciosi, *Ricerche sulla organizzazione gentilizia romana,* 2 (Nápoles, 1988), pág. 22.

que de las venerandas *leges vetustae* [16] —fundamento de la *civitas*— [17] el jurista Sesto Elio Peto Cato (cónsul en el año 198 a. de C.), su primer comentarista, sistemático, no siempre comprende el significado exacto de todo pasaje [18].

Sin perjuicio de cuanto queda dicho, todavía cabe argüir que el silenciamiento de los *mores* puede deberse a que las *partitiones* no abarcaban la totalidad de las "esferas normativas" [19], así como a la preocupación fundamental de los juristas clásicos por señalar las fuentes de conocimiento con preferencia a las de producción [20].

ii) La conciencia común del pueblo es la engendradora del Derecho, y nunca dimisionaria de ello, dada su peculiar, su castiza manera de entender lo jurídico.

Ciertamente, al común popular el tema del Derecho le tiene hiperestesiado. En Roma, dijimos en otra ocasión, se vive al aire libre —*in luce*—. En esa gran plaza que es Roma, metida toda en ese «centro del centro» que es el Foro, tiene lugar la discusión jurídica —la *disputatio fori*—, con superior intervención de

---

[16] Así llamadas las XII Tablas por GAYO, D.1.2.1.
[17] POMPONIO, D.1.2.2.4.
[18] CICERÓN, *De leg.*, 2.23.59, a propósito de *lessus* en los funerales. Véase BRETONE, *Tecniche e ideologie dei giuristi romani*, 2.ª ed. (Nápoles, 1984), págs. 6 y 28.
[19] NÖRR, *«Divisio» und «partitio». Bemerkungen zur römischen Rechtsquellenlehre und zur antiken Wissenschaftstheorie*, Berlín, 1972, pág. 55.
[20] GUARINO, *LABEO*, 21 (1975), pág. 68, que es recensión a la obra de NÖRR citada en la nota anterior.

los expertos, pero no ajena a los oídos de cualquier ciudadano.

Cic., *de orat.*, 1.43.192:

> *omnia enim posita ante oculos, collocata in usu cotidiano, in congressione hominum atque in foro, neque in multis litteris aut voluminibus magnis continentur.*

En rigor, el Derecho es fruto de creación anónima. Como la Roma misma, con todo lo que lleva aparejado.

Cic., *de re publ.*, 2.1.2:

> *nostra autem res publica non unius esset ingenio, sed multorum, nec una hominis vita, sed aliquot constituta saeculis et aetatibus.*

Fruto de creación anónima, la *civitas;* fruto de creación anónima, el *ius.* Con la advertencia de que los hombres significativos en lo que importa a la una y al otro, esto es, los grandes políticos y los grandes juristas, no se afanaron en *diferenciarse,* en *distinguirse,* en ganar, sin más, la gloria de ser dichos —por los otros, se entiende— *geniales.*

Claro es que los autores romanos de obras jurídicas no se hallaban todos a la misma altura intelectual. Ciertamente, «las diferencias valorativas se acusaban bastante menos de lo que se acusarían en el mundo moderno, y la razón era que en este período, al igual que ocurrió entre los hombres de la República, imperaba un fuerte sentimiento tradicionalista y el individuo sólo se consideraba como una de las encarnaciones transitorias en las cuales se reflejaba el espíritu de las generaciones que le precedieron. Es esto y no otra cosa lo que contribuía a dar una cierta igualdad valorativa a las obras publicadas, pues los más eminentes renunciaban a las construcciones demasiado audaces que habrían perturbado la línea general de la evolución jurídica, y los restantes sacaban del ejemplo que les dieran sus predecesores y de su arraigado sentido de responsabilidad, la energía necesaria para no desmerecer demasiado a los ojos de sus contemporáneos» [21].

Tal dice ARANGIO-RUIZ a propósito de los juristas. A lo que, en relación con los hombres públicos, con los políticos, añadimos nosotros esto: «Descansa el mando en los "mejores", mas sin singularización o individuación de cada uno de ellos. Los mejores, sostenidos por el pueblo, por el común ciudadano, son agentes sabios —sabedores, expertos— de lo que, en última instancia, es razón de todo poder, de todo mandato. Y tal es la *mens* romana.

Los mejores, sí, pero prestos todos a que sus imágenes brillantes se difuminen y hasta pierdan apariencia en el conjunto del cuadro. De ahí que la historia de Roma ofrezca noticia harto menguada de los innumerables Cornelios, Fabios y Papirios» [22].

La conciencia social —el común popular, y no ya por modo exclusivo, aunque sí primero y más importante —es la creadora del Derecho. Con la opinión pública y con el *ius* que ésta forja se unimisma la *interpretatio,* reveladora, explicadora y tecnificadora de lo jurídico en su única manera de ser.

---

[21] ARANGIO-RUIZ, *Historia del Derecho romano,* trad. esp. de DE PELSMAEKER (Madrid, 1943), pág. 332 y sigs.
[22] IGLESIAS, *Roma: claves históricas,* cit., pág. 117.

Advertidos están los romanos de que el *ius*, si no ha de parar en cosa burda, a más de anquilosada, necesita contar con el experto, con el jurisperito. Patentiza éste la certeza del *ius*, logrando que cobre luz día a día: *Constare non potest ius, nisi sit aliquis iuris peritus per quem possit cottidie in melius produci* [23].

En todo caso, nada autoriza al jurista, al *interpres*, a sobrepasar la medida —*excedere modum*—. Su actuación viene fiscalizada por la opinión pública, «siempre pronta a negarle toda confianza y a rechazar las deducciones ilegítimas, si traicionase su verdadera misión» [24].

Ni el jurista, con la misión dicha, ni el pretor, con la cifrada en "decir" o "mostrar" el Derecho —*ius dicere*— pueden actuar más allá de ciertos linderos. La *interpretatio* y la *iuris dictio* procuran que la norma gane, por deducción analógica —«*ad similia procedere*»—, lo que no aparece cierto, y todo de suerte que quede suplido cuanto tiende al propio fin por aquélla perseguido —«*quae tendunt ad eandem utilitatem*»— [25].

Alzaprimada la conciencia social, tenemos ésta por la gran creadora del Derecho; al jurista

---

[23] POMPONIO, D.1.2.2.13. SCIALOJA, *Studi*, 1 (1933), pág. 367, lee *medium*, en lugar de *melius*.

[24] ARANGIO-RUIZ, *Historia*, cit., pág. 152.

[25] Merece la pena reparar en los fragmentos 10, 11, 12 (JULIANO) y 13 (ULPIANO, refiriéndose a PEDIO) de D.1.3.

y al pretor, por coadyuvantes, en grado insigne, de ésta.

En definitiva, por medio de la actividad jurisprudencial y de la actividad pretoria —en obligada y conveniente comunicación— la conciencia del pueblo «determinaba y formulaba, en su parte intelectual y moralmente más elevada, su Derecho» [26].

iii) Las nociones modernas acerca de lo "público" y de lo "privado", dominadas como están por el "principio de la estatalidad del Derecho", no dejan de entorpecer nuestro acercamiento a lo romano.

El caso de Roma no resulta comprensible a primera vista. Y todo por no advertir que el *ius privatum,* el Derecho por antonomasia, es "zona reservada", raramente rozada por la *lex,* el *senatusconsultum* y la *constitutio principis,* es decir, por esferas normativas de razón estatal [27].

Sin perjuicio de mejores explicaciones, creemos que la razón por la que el Estado no se entromete —o lo hace mínimamente— en el territorio del Derecho privado, arranca de la veterana, recia y nunca desmentida calificación

---

[26] GROSSO, *Premesse generali al corso di diritto romano,* 4.ª ed. (Turín, 1960), pág. 70.

[27] SCHULZ, *Prinzipien,* cit., pág. 5; IGLESIAS, *Espíritu,* cit., pág. 79 y sigs.

de éste como Derecho "familiar". Las *familiae* —cada una de por sí, hacia adentro, y en la comunicación o tráfico con las otras— logran mantener su propio ordenamiento jurídico, al abrigo de unos *mores* cuya ancestral sacralidad nadie —ni el propio Estado— puede regatear.

Que el Derecho privado sea el «Derecho de las *familiae*» nos parece algo de todo punto irrebatible. La cuestión está en saber por qué las cosas ocurren de este modo, y cabe argumentar, a tal respecto, que el peso político de las *gentes* en el área de lo "privado" —y por encima de ella— pudo ser el factor primario en los siglos inmediatamente siguientes a la caída de la Monarquía. La declinación de las *gentes,* en el curso de la historia republicana, se traduce en situaciones «de coexistencia entre los grupos gentilicios y las primeras grandes familias que reivindican un papel autónomo, a veces muy acentuado frente a la *gens*» [28]. Rotos los viejos esquemas gentilicios —y no tanto la solidaridad gentilicia misma—, en la época de las grandes alianzas entre grupos familiares poderosos, el peso político de éstos logra mantener el territorio del Derecho privado como "zona acotada".

El Derecho romano, en su entero discurso histórico, tiene por protagonistas no a los individuos, a los particulares, en el sentido moderno, sino a los *patresfamilias.* Baste significar

---

[28] FRANCIOSI, *Storia di "gentes" e storia di famiglie,* en *Ricerche sulla organizzazzione gentilizia romana,* 2 (Nápoles, 1988) página 5. Esta obra, con su precedente volumen (1, Nápoles, 1984), ofrece muy agudas consideraciones a propósito de esos dos tiempos de la historia romana que FRANCIOSI llama «historia de *gentes*» (primeros siglos de la República) e «historia de familias».

que en la Compilación justinianea se lee todavía: *«qui in potestate alterius est, nihil suum habere potest»* [29].

iv) Bien miradas las cosas, en Roma sólo hay una manera de sistema jurídico, y tal es el *ius civile.* La consistente unidad del sistema —la recia textura espiritual de éste— viene instada y espoleada por una misma fuerza psicológica, entrañada en la conciencia social. De ésta proviene, en línea máxima, ya que no absoluta, el manadero, la fuente, la fluencia de normas.

---

[29] GAYO, D.4.1.1.10.1. Sobre la propiedad del peculio castrense, cfr. POMPONIO, D.18.17.10 pr. y véase IGLESIAS, *Estudios d'Ors,* 2 (1987), pág. 667 y sigs.

II. «MORES» Y NORMAS AUTORITARIAS O ESTATALES

1. El Derecho privado de la época propiamente romana, esto es, el que va desde los orígenes hasta finales del período clásico, se define, por modo fundamental, ya que no absoluto, como "derecho consuetudinario", cual nacido y desenvuelto extramuros de la ley.

Sin perjuicio de lo que luego diremos, no parece inoportuno advertir que la expresión "derecho consuetudinario" ha menester de algunas clarificaciones, apremiadas por fáciles entorpecimientos a los que puede llevarnos el moderno lenguaje y, especialmente, el español, enraizado en el latino.

Cuando nosotros, españoles, decimos "derecho consuetudinario", engarzamos el adjetivo con el término "costumbre", antes "costumne", y no con el sustantivo latino *consuetudo* [1], del que procede.

[1] Como señala Bove (*La consuetudine in diritto romano,* 1. *Dalla Repubblica all'età dei Severi,* Nápoles, 1971, pág. 23,

Tal derecho consuetudinario se muestra conexo a la *prudentium interpretatio* y a la *iuristictio* magistratual, y tiene por eje y centro los *mores*.

Semejante derecho no es confundible con ese otro, de razón consuetudinaria, pero entendida de otra manera, al que se nombra muy frecuentemente por el término *consuetudo,* de aparición más reciente [2]. En efecto, lo que designa dicho término coincide con lo que nuestro lenguaje moderno llama "costumbre", para referirse a una fuente autónoma, con fuerza propia para crear Derecho, y basada en «la observancia constante y uniforme de una regla de conducta por los miembros de una comunidad social, bajo la convicción de que responde a una necesidad jurídica» [3] —*opinio iuris seu necessitatis*—y no es contraria a la moral o al orden público [4].

Concertadas así *consuetudo* y "costumbre", estamos de acuerdo con quienes entienden que una noción como la que queda apuntada sólo

---

n. 4), el término *consuetudo* se encuentra ya en autores literarios de fines del siglo II a. de C., pero sin específica significación jurídica.

[2] *Consuetudo* estuvo presente en la palabra española "consuetud", vigente en los siglos XVI y XVII.

[3] DE RUGGIERO, *Instituciones de Derecho civil,* trad. esp. de R. SERRANO SUÑER y J. SANTA CRUZ TEIJEIRO, 1 (Madrid, 1929), pág. 80. Cfr. ARANGIO-RUIZ, *Istituzioni di diritto romano,* 14.ª ed., Nápoles, 1960, pág. 24.

[4] Código civil español, 1.3.

tiene pleno desarrollo en el mundo postclásico y, en rigor, bajo línea de formulación teórica. Lo que ocurre antes, incluso a partir de los finales de la República, no pasa de puro escarceo, con registro, sea en peroraciones académicas o forenses arrimadas al pensamiento filosófico griego, sea en alguna ocasional prescripción legislativa —la *lex Antonia de Termessibus,* del 71 a. de C.—, sea en opiniones jurisprudenciales a propósito de usos provinciales [5].

---

[5] El famoso texto de JULIANO, acogido en D.1.3.32, puede ser genuino en lo fundamental, mas denuncia, en todo caso, un denonado y hasta retorcido empeño por justificar su tesis, empalmada con el problema de aplicar la *lex Papia Poppaea* en ámbitos municipales lejanos de Roma. Acuciado Juliano por la idea, no verdaderamente planteada, de colmar con la *consuetudo* lagunas legales, todavía no parece de su cosecha, sino del manipulador postclásico, el pensamiento de equiparar la *consuetudo* a la *lex,* por manera de poder abrogar a ésta. Dentro del mundo postclásico no cuaja en norma positiva la idea de una *consuetudo contra legem.* En tal mundo, y en el inmediato justinianeo, y sólo en línea teórica (cfr. C.8.52.2), se sienta la regla de que la *consuetudo,* la *longa consuetudo* o, más precisamente, la *«inveterata consuetudo pro lege custoditur».* Véase, en esta línea, GUARINO, *L'ordinamento giuridico romano,* 4.ª ed., Nápoles, 1980, pág. 292 y sigs.; *Diritto privato romano,* 8.ª ed., Nápoles, 1988, pág. 152 y sigs. Cfr. ALBANESE, *Premesse,* cit., pág. 89, núm. 43, con mención de textos expresivos de indeciso o contradictorio significado.

Sobre el texto de Juliano, que no deja de atormentar a los romanistas, así como sobre la consuetudo, en general, véanse SCHMIEDEL, *Consuetudo im. klass. und nachklass. röm. Recht,* Colonia-Graz, 1966, con las recensiones de NÖRR, *ZSS,* 84 (1967), pág. 457 y sigs., y MAYER-MALY, *Gnomon,* 41 (1969), página 383; NÖRR, *Die Entstehung der Gewohnheitsrechtlichen Theorie, Festschrift Felgenträger* (1969), pág. 353 y sigs.; *Ciceros Topica und die römische Rechtsquellenlehre, Romanitas,* 9 (1970), pág. 433 y sigs.; *«Divisio» und «partitio»,* cit., pág. 1 y sigs.; BOVE, *La consuetudine in diritto romano,* cit., página 106 y sigs.; GALLO, *Interpretazione e formazione consuetudi-*

2. Así las cosas, la expresión "derecho consuetudinario" abriga dos significaciones: *a)* la de los *mores* civiles, contenido máximo de *ius civile,* tenido por intocable y eterno, y objeto de explicación por los *iurisprudentes; b)* la de la *consuetudo,* desparejada de tal explicación, con fuerza autónoma basada en la voluntad popular, declarada *rebus ipsis et factis.*

La segunda de tales significaciones ronda la nuestra de "derecho consuetudinario" o, sin más, de "costumbre", pero sin que en Roma llegue a abrigar el carácter de fuente autónoma ni se identifique con los *mores* civiles, pese al juego de un lenguaje confuso.

3. Imágenes míticas, símbolos mágicos, creencias oscuras sobre lo real divinizado son el sustrato de las primeras prácticas enderezadas a regimentar la conducta humana. El asentimiento a tales prácticas supone la aceptación, impensada e irresistible, de lo "fatal", esto es, de las tenidas por señales imperiosas del hado.

La mente antigua no se cuestiona, no se hace preguntas en punto al origen de esos usos afectivos que son ingrediente de los *mores.*

---

naria del diritto, Turín, 1971, pág. 55 y sigs.; KASER, *Das römische Privatrecht,* 1, 2.ª ed. (Munich, 1971), pág. 196; ROBLEDA, *Introduzione allo studio del diritto privato romano,* 2.ª ed. (Roma, 1979, pág. 84 y sigs.; PUGLIESE, *Istituzioni di diritto romano,* Padua, 1986, pág. 111 y sigs.

Dicha mente sólo sabe una cosa o, mejor, sólo cree en una cosa, y tal es que los *mores* están rodeados de aureola sacrosanta. Cree a pies juntillas que en los *mores* late la misterial fuerza de la que es agente la palabra y la acción de los venerandos antepasados.

4. En horas de adelanto, por avance de cultura, a la vez que por el abrimiento de un vasto y rico repertorio de relaciones socio-económicas, se agranda el añejo y venerable cuerpo normativo. El agrandamiento del *ius civile,* cuya sustancia y esencia individua le viene dada por los *mores,* se produce merced a la *interpretatio* de los juristas. Asistidos de un arte tan sutil como aguerrido, los *iuris prudentes* acomodan o atemperan los *mores* a las exigencias sociales de cada momento.

Adviértase, en todo caso, que la actividad jurisprudencial no responde a iniciativa propia. Responde a una necesidad de contar con su prestigiado saber, con su *auctoritas,* para determinar si cada caso, situación o relación encaja en el marco de lo disciplinado por el *ius civile,* y siempre bajo la creencia de que éste representa la expresión única y autosuficiente de lo jurídico.

Se dirá, de todos modos, que resulta necesaria una explicación acerca del modo operativo por el que el *ius civile* tradicional —entregado de unos a otros— y eterno acoge en su seno —"civiliza"— un buen número de relaciones no previstas en él y, singularmente, los contratos del *ius gentium*.

Debe advertirse, a tal respecto, que el modo operativo, en el estado actual de nuestros conocimientos, no resulta alcanzable a nuestra mirada. Pero sí resulta preciso pensar en el juego comunicado del pretor y del jurista, merced al cual, adelantado ya el siglo II a. de C., los contratos del *ius gentium* reciben sanción civil. Se podrá argüir que, excluida toda intervención legislativa, la recepción descansa en la "costumbre", y no hay inconveniente en admitirlo, si por ésta no entendemos una manera de norma que se impone con propia y autónoma fuerza.

En tal proceso de recepción están presentes el pretor y el jurista, si bien uno y otro en tarea a la que no cabe calificar de "creación".

Nos parece oportuno reproducir aquí el pensamiento de GROSSO. Tras afirmar que la obra de la jurisprudencia es siempre *interpretatio,* obra de intelecto, y no acto impositivo, advierte el insigne estudioso que no hay que referir «a una creación pretoria la recepción de relaciones en el *ius civile,* con la modelación de una fórmula *in ius concepta* (que, en casos en que ha sido precedida de una acción pretoria, vemos yuxtaponerse y no sustituirse a ésta), y así también el reconocimiento del *ius gentium,* proveniente de la praxis del *praetor peregrinus,* en particular mediante los *bonae fidei iudicia,* a través de la asunción de la *fides bona* como criterio normativo»[6].

5. La historia romana no niega nunca su condición de heredera legítima —indiscutida— de lo acaecido en la primera y escondida edad.

Si los clásicos apenas atisban la posibilidad de llegar a una conceptualización técnico-jurídica de la costumbre cifrada en los *mores*[7], tal se debe a un orden de creencias que aparece dominante en el curso entero de la historia romana.

En tema de Derecho el romano se muestra fiel a su comunicación con la *natura,* con la realidad. Para él, la *natura* es la gran paridora del Derecho —*«ius a natura ductum»*—. Ahora bien, entre las dos maneras de "ver" la *natura,* y esto es, a través de la idea que se piensa, de un lado, y a través de la idea que se piensa y en la que, además, se cree[8], de otro, no es raro que triunfe esta última.

La maestría con que los juristas ejercen el «arte de separar» del que habla Ihering, no llega al punto de negar a la realidad jurídica

[6] GROSSO, *Premesse generali allo studio del diritto romano,* 4.ª ed. (Turín, 1960), pág. 72 y n. 5. Cfr. TALAMANCA, *Lineamenti di storia del diritto romano,* Milán, 1979, págs. 178 y 179.

[7] Cfr. TALAMANCA, *Lineamenti,* cit., pág. 41.

[8] El lenguaje sobre "ideas" y "creencias" es de ORTEGA Y GASSET, *Historia como sistema y del Imperio romano,* en sus *Obras Completas,* 6, Madrid, 1947, pág. 14.

efectiva la autoridad conquistada por los *mores maiorum.* No llega a evitar que en línea de derecho positivo pervivan las ancestrales creencias anidadas en éstos.

6. La costumbre, enraizada en los *mores,* según la manera que queda dicha, es el ingrediente máximo del Derecho privado romano.

No contradice lo afirmado el hecho, ya apuntado, de que los *mores* no figuren en los elencos de las "fuentes" del Derecho de los que informamos antes. A la explicación dada acerca de su silenciamiento cabe siempre añadir que su falta de registro escrito, salvo en los supuestos, no precisados, de su acogida en las XII Tablas, y la condensación misma de la varia preceptiva en una especie de código místico —asiento inmaterial de la *«memoria veterum»*—, no se prestan a una fijación teórica o didáctica en los libros de los juristas. En cualquier caso, y atendidas o no estas consideraciones nuestras, resulta cierto que sobre el *ius civile,* con el grueso de los *mores,* se produce la tarea explicativa de la *iurisprudentia.* Lo hace ésta en grados cuantitativos y cualitativos tales, que la materia operada y la operación misma se alían estrechamente.

Lo que resulta claro es que el Derecho privado romano, mínimamente rozado por las fuentes autoritarias o estatales —*leges, senatuscon-*

sulta, constitutiones principum—, se define, ante todo y sobre todo, como derecho consuetudinario. La eterna e inderogable validez de la costumbre lleva «implícito el valor meramente subsidiario y casi subrepticio de las restantes fuentes del derecho» [9].

8. El *ius civile,* cifrado en los *mores* —en los acuñados por las XII Tablas y en los que quedan por fuera de éstas— representa un ordenamiento jurídico que, nacido de abajo hacia arriba o, si se quiere, fraguado en la conciencia social, viene considerado como intocable y eterno.

La norma consuetudinaria es columna vertebral, en el sentido dicho, del *ius civile.* Tal norma se alza por encima de lo legal de modo incontestable.

Verdad es que se dictan algunas, contadas *leges* que afectan al Derecho privado, pero con una de estas miras: la de salvar la incertidumbre acerca de la norma vigente; la de evitar inconvenientes de carácter social —*lex Cincia, lex Plaetoria, lex Voconia,* por ejemplo—; la de complementar preceptos que, por ser extremadamente positivos, han menester de una declaración estatal —*lex Aquilia de damno, lex Falcidia, leges* atañederas a la garantía de las obligaciones—; la de establecer un oportuno

---

[9] ARANGIO-RUIZ, *Istituzioni,* págs. 162 y 163.

empalme con normas referentes a la organización del Estado —*lex Atilia, lex Cornelia de iniuriis*—; la de reprimir abusos en el ejercicio de poderes sancionados por el *ius civile* [10].

Los supuestos dichos, expresivos de una aconsejada intervención legislativa, se resumen aún más en esto que dijo SAVIGNY e hizo suyo SCHULZ: fines de alta política que reclaman una reforma; incertidumbre o duda acerca de determinadas normas; preceptos que, por ser en extremo positivos —cual ocurre, por ejemplo, en la fijación del término en la usucapión—, han menester de una determinación estatal. Sentado lo anterior, todo pone de manifiesto que las grandes zonas —las centrales y medulares— del Derecho privado (contratos, propiedad, servidumbres, prenda, matrimonio y filiación, herencia) quedan máximamente cerradas a la intervención legislativa [11].

Bien miradas las cosas, la *lex,* cuando roza el campo del *ius,* lo hace en razón de una respuesta ocasional o contingente, acorde con nuevas exigencias sociales, y nunca para afirmar una posición de superioridad [12]. La *lex* entra en

[10] Cfr. SCHULZ, *Prinzipien,* pág. 6 y sigs., con referencia a SAVIGNY; GROSSO, *Premesse,* pág. 99; ALVAREZ SUÁREZ, *La jurisprudencia romana en la hora presente,* Madrid, 1966, página 37.

[11] SCHULZ, *Prinzipien,* pág. 8 y sigs.

[12] Cfr. NOCERA, *Il potere dei comizi e i suoi limiti,* Milán, 1940, pág. 39.

juego porque se ve forzada a erigirse en actora de una interpretación, de una explicación integradora del *ius,* que no puede llevar a cabo el jurista, fiscalizado por la opinión pública y los magistrados jurisdicentes. La tarea del jurista discurre por la línea, claramente definida, de acomodar los preceptos civiles a las nuevas exigencias, pero siempre sin recurrir a forzamiento alguno, esto es, de modo natural y acompasado. Incapaz el jurista de actuar por fuera de tal línea, se impone el recurso a la ley, mas sin que ésta, y contra lo que pudiera parecer paradójico, introduzca medidas revolucionarias de ninguna suerte y capaces, en alguna manera, de abrogar lo establecido por el *ius.*

La palabra, tan precisa como penetrante, de ARANGIO-RUIZ, en ese tan logrado libro de síntesis, de suma y compendio de lo desperdigado y dificultoso, que es su *Storia del diritto romano* [13], expresa de modo elocuente lo que queda dicho: «Mientras se trataba de aplicar a las nuevas exigencias sociales los principios de la costumbre, y, sobre todo, de adaptarles las formalidades de los negocios jurídicos ordinarios, respetando sus directrices y su estructura, eran los juristas los que habían de realizarlo bajo la fiscalización de la opinión pública y de los magistrados jurisdicentes; en cambio, cuando era preciso impedir la injusticia a que podía dar lugar el abuso de aquellas formas recibidas de los predecesores o inventar nuevos medios de tutela legal y de protección a los incapaces, cesaba la competencia del jurista y era el legislador

[13] Hermano, este libro, de ese otro, siempre precioso, que es el de sus *Istituzioni.*

quien debía proveer a estas necesidades. Mas, en estos casos, tampoco podía la ley abrogar la costumbre; al contrario, se limitaba a castigar a quien abusase de ésta o a colocar nuevos remedios al lado de los antiguos; o sea, procedía del mismo modo que los ingenieros que pueden, para contener a los ríos, construir diques y abrir canales; pero jamás hacer que las aguas regresen a sus fuentes. En resumen: podemos afirmar que el examen de la legislación comicial ofrece la prueba perfecta de la perpetuidad e inderogabilidad de aquella costumbre a la que con exclusividad se dio el nombre de *ius*» [14].

En un texto de ULPIANO, de los *tituli ex corpore Ulpiani,* dichos también *Ulpiani liber singularis regularum* [15], relativo a la *lex Cincia,* se hace una clasificación tripartita de las *leges: a) imperfectae,* que prohíben un acto, pero sin declararlo nulo ni someterlo a una pena o sanción; *b) minus quam perfectae,* que no establecen la nulidad del acto, pero castigan a su autor; *c) perfectae,* que declaran la nulidad del acto mismo. Pues bien, la mayoría de las *leges* correspondía a las categorías de las tenidas por *imperfectas* o *minus quam perfectae* [16]. Las *perfectae,* aparecidas en el último siglo de la República, y fruto, algunas de ellas, de ser con-

[14] ARANGIO-RUIZ, *Historia,* págs. 171 y 172.

[15] Compilación de comienzos del siglo IV de C., aproximadamente, bastante apegada a las *Instituciones* de GAYO y a otras fuentes, y conservada de modo fragmentario en el manuscrito Vaticano. Véase ULPIANO, 1.1-2.

[16] ROTONDI. *Osservazioni sulla legislazione comiziale di diritto privato,* en sus *Scritti,* 1 (Milán, 1922), pág. 37 y sigs.

vertidas en tales otras pertenecientes a la categoría de las *minus quam perfectae,* representan la excepción, sin que, por otra parte, y a la vista de los datos que hoy poseemos, resulte posible señalar el tiempo y la medida en que se afianzó la declaración de nulidad de un acto con validez desde el punto de vista del *ius civile.* El afianzamiento es pleno y seguro en el siglo IV, cuando Teodosio II castiga con nulidad cualquier acto que contravenga a las leyes, y tanto antiguas como nuevas —*«tam veteres quam novellas»*— [17].

La inclusión en la *sanctio* de la *lex* de la cláusula de autolimitación cifrada en la sigla *e.h.l.n.r. («eius hac lege nihilum rogatum»),* de la que informa Cicerón *(«si quid ius non esset rogarier, eius hac lege nihilum rogatum»)* [18], aboga por la recia idea romana de la plena intangibilidad del *ius civile* [19].

Intangibilidad que afecta, más que nada, a los principios basilares del *ius civile,* a los ejes diamantinos de sus núcleos centrales, significados en las roqueñas nociones del *dominium,* de la *obligatio,* de la *familia* y de la *hereditas.*

---

[17] C.1.14.5 pr. y 1.

[18] CICERÓN, *Pro Caec.,* 33.95; *De domo,* 40.106.

[19] Sobre la posición tajante, a este respecto, de ARANGIO-RUIZ, y la contraria, acogida como común, con defensa particular por PUGLIESE y GIOFFREDI, véanse las puntualizaciones de GUARINO, *L'ordinamento,* cit., pág. 197.

Si el estado de las fuentes, con sus lagunas, sus estratificaciones no bien aclaradas y sus alteraciones —mayores o menores y sustantivas o formales— por manipuladores postclásicos o justinianeos, nos sitúa en un terreno quebradizo; si todo eso, y mucho más que apenas dejamos aquí apuntado, nos coloca ante situaciones paradojales no fácilmente salvables, conviene prestar atención a algo que está por encima de las varias "representaciones" —iguales, unas veces; disímiles, otras— de lo jurídico romano. Creemos, en efecto, que lo externo de las diferencias, de las variantes, de los avances de ese proceso *in fieri* que es el *ius,* se presta a toda suerte de cábalas, con el resultado, harto grave, de trocar éstas, más de una vez, en vacuos dogmas.

Los datos, aun no siempre completos ni siempre felices, que nos ofrecen las fuentes de conocimiento, prueban que incontables relaciones o instituciones no permanecieron en todo tiempo iguales. El problema estriba en decidir si la *lex,* el *iurisprudens* y el *praetor* actúan por fuera y de espaldas al *ius,* dando pie a la formación de esferas autónomas y con naturales resultados de "creación" de normas nuevas.

Planteado así el problema, entendemos que la conciencia social romana, maestra en habilidades, arbitra los medios para que, atendidas las nuevas demandas o exigencias, no sufra quiebra la mismidad del *ius*. Quiérese decir que el *ius,* necesitado de progresión, como la vida misma, apremiada por un «ir hacia adelante» —y por esta expresión se define la historia—, permanece siempre lo mismo a través de los cambios.

El "misterio" consiste en que los arbitrios, recursos o procedimientos legales, jurisprudenciales y jurisdiccionales pongan el *ius* al día, lo actualicen, mas de suerte que éste, con su fondo por siempre y para siempre formado, resulte intocable, inderogable y eterno.

Obedientes a regímenes particulares distintos, con propios y particulares establecimientos, ley, jurisprudencia y pretura coadyuvan a que lo paradójico no resulte tal. En definitiva, lo diferenciado de cada una de ellas cede ante nuestros ojos si acertamos a ver su identidad oculta, comunicada toda con la unidad original del *ius*.

Lex, iurisprudentia y *ius honorarium* van en persecución de lo mismo: ayudan al *ius* en su acompasamiento al curso de la vida.

La intervención de la ley, no menos que la del pretor, cuando la norma civil no es dudosa, sólo puede hacerse serpenteando el obstáculo mismo que representa el obligado respeto al *ius civile*[20].

La ley, como hemos visto, se autolimita en aras de la intangibilidad del *ius;* la jurisprudencia —se presupone que en tarea conexa a la actuación pretoria— no puede sobrepasar los linderos de la analogía; el pretor, o se apega al *ius civile,* del que es *«viva vox»*[21], o se aparta de él, si la analogía le falla, para salvar situaciones acordes con el *bonum et aequum,* mas sin que, en el último caso, las medidas o providencias basadas en su *imperium* tengan el superior alcance de las consagradas en sede civil.

---

[20] ARANGIO-RUIZ, *Historia,* pág. 172, núm. 1.
[21] D.1.1.8.

III. «IURISPRUDENTIA»

1. A lo largo de la historia propiamente romana, los juristas no se apartan de lo tradicional, no se alejan de un *ius* tenido siempre por preexistente. No llegan a nuestra manera de "novedad", a esa que, radicalizada, suscita tantas devociones en numerosos teóricos modernos.

Si en tema de política *«novare res»* significa introducir novedades que causan una "revolución"[1], en tema de Derecho privado cabe decir otro tanto. Desde luego, los juristas romanos no dan paso a una especie de *eversio iuris*.

---

[1] Expresivo es lo que dice TÁCITO, *Annales,* 15.46.4: «... el pueblo, cuya naturaleza es desear novedades y juntamente temerlas» («... *populus est novarum rerum cupiens pavidusque*»). Sobre el término "revolución", véase IGLESIAS, *Roma: claves históricas,* pág. 40.

Casado el *ius civile* con recias y entrañadas significaciones de la sociedad romana, todo su discurso, todo su ir en "aumento de ser" —parejo al de la *civitas* misma[2]— viene ayudado por una *interpretatio* que, operando con pautas tan sabias como lógicas, se adhiere a la real naturaleza de las cosas.

Los hombres del mundo clásico no se apartan de lo recibido. El espíritu tradicionalista, nunca apagado, hace que los conceptos y las proposiciones de la ciencia jurídica aparezcan a los ojos de los *iurisprudentes* «no como fruto de su arbitrio, sino como entidades reales, cuya esencia y genealogía se les ha hecho familiar a través de un largo y confiado trato»[3].

Adueñados los juristas de una técnica aguerrida, con sorteo de las propias dificultades inherentes a su obligado apego a lo esencial de lo estatuido —de lo "intocable", según la tradicional y firme estimativa social—, logran que el *ius civile,* no cambiado, cambie. Logran que

---

[2] El auspicio patricio promete la eternidad a Roma: *«in aeternum urbs condita, in immensum crescente»* (Livio, 4.4.4). Como señala Bretone (*Tecniche e ideologie,* cit., pág. 232 y n. 26), la imagen de la *civitas aucta* o *augescens* se pone de manifiesto en el *Enchiridion* de Pomponio. Es patente la idea de la "continuidad" del ordenamiento jurídico, que crece sobre sí mismo con el crecimiento de la *civitas.*

[3] Savigny, *Vom Beruf unserer Zeit für Gesetzgebung und Rechtswissenschaft,* 1892 (reimpr. de la 3.ª ed.), pág. 17.

lo ”nuevo”, lo exigido en hora avanzada, descanse en lo viejo y conocido [4].

El *ius civile* —enraizado en el muy veterano *ius Quiritium,* con toda su carga de *mores*—, aun tenido por ”intocable” en su consistencia espiritual, en la radicalidad de su esencia meollar, es susceptible de acomodación a las nuevas demandas sociales.

Sabedora la *interpretatio* de que el Derecho mana del hecho, de algo que se hace —*«ex facto oritur ius»*—, presta atención a cuanto pide la *occasio,* la coyuntura, la circunstancia, buscando la manera de servir a ésta, en su misma ”naturalidad”, por explicación de la norma a golpes de lógica realista.

El jurista actúa sobre lo ”natural”, sobre lo real, sobre lo existente. *Natura* —de *nascor*— es la realidad, el mundo de las cosas, y *naturalis ratio* un calcular, un tener en cuenta esa misma realidad. *Ratio* —de *reor,* de *res*— es tanto como apreciar la realidad por acercamiento decidido, sin pre-juicios, a ella, en manera que hable desde sí misma.

El jurista romano extrae el principio jurídico de la naturaleza de las cosas —*rerum natura* [5]—. Encierra ésta, en su madriguera, una idealidad,

---

[4] IGLESIAS, *Roma: claves históricas,* pág. 31.
[5] Cfr. KOSCHEMBAHR-LYSKOWSKI, *Studi Bonfante,* 3 (1930), página 470.

pero distinta de la que es propia del pensamiento abstractivo. Al encuentro de la primera —de la soterrada— y no ya al jugueteo intelectual consonante con la segunda, se entrega el *iurisprudens*.

El origen, la fragua del *ius está* en la propia natura: *«ab natura ductum videtur»* [6]. Toca al jurista no aislarse de esa *natura,* forzándola a que hable un lenguaje que no es el suyo.

La mente del jurista se proyecta máximamente sobre la práctica, sobre la procelosa casuística, teniendo por peligrosa toda inclinación teórica que pueda subvertir los aspectos reales —activos u operantes— del Derecho [7].

De la norma —del *ius-mores*— tanto cuenta lo explícito como lo implícito. Es esto último, lo que se entiende incluido en la norma sin ser expresado, el terreno propicio para el laboreo, en extremo afiligranado y fecundo, del jurista.

Labora el jurista sobre lo que en el Derecho hay de definido y consciente, y también sobre lo que, falto de expresión cierta, es germen de deducciones o derivaciones merced a las cuales reciben oportuno tratamiento las nuevas demandas sociales.

---

[6] Cicerón, *De inv.*, 2.53.

[7] Cfr. Javoleno, D.50.17.202; Neracio, D.1.3.21; eod., 32, y véase Brutti, *Lineamenti di storia del diritto romano* (obra dirigida por Talamanca), cit., pág. 487.

La conciencia social quiere intocable el veterano *ius civile,* pero de suerte que éste no se agote en sí mismo. Firmes pueden y deben quedar los principios-ejes, sin perjuicio de erigirlos en fuente de fecundación. Desde ellos mismos, por ajuste de ellos mismos a ese realismo que permite conocer la variabilidad de los fenómenos vitales, logra abrirse camino al futuro del Derecho.

2. Máximo favorecedor de ese proceso *in fieri* que es el Derecho, nada autoriza, sin embargo, a que, en puridad, se pueda calificar de "creador" al jurista.

La misión del jurista es la de venir sobre algo dado de antemano. La suya es obra de "recreación", según acepciones de esta palabra que encontramos en los términos *recreare* y *reficere,* expresivos de mejorar, fortalecer, fortificar, reanimar, completar, reparar, reponer.

El jurista no da "otro sentido" a la norma. No la transforma, no la cambia de giro, no la hace objeto de reinterpretación —*Umdeutung*—.

Creemos, en fin, que para una tarea de "creación" carece de "legitimación constitucional", si utilizamos un lenguaje moderno.

Cierto que hay textos donde los juristas son llamados *iuris auctores* o *conditores*[8] o *iuris*

[8] Véase GAYO, 1.7; 4.30. La expresión *«iura condere»,* em-

fundatores[9]. Cierto que hay afirmaciones de este tenor: *«ius, quod sine scripto venit compositum a prudentibus»*[10]; *«ius civile, quod sine scripto in sola prudentium interpretatione consistit»*[11]. Pero el muy escaso uso de expresiones como las señaladas resulta harto significativo.

Tal uso no pasa de ser convencional, si bien justificado por la razón misma de que el *ius* y su *interpretatio* se anudan fuertemente, de modo que ésta no es sino el alargamiento de aquél para servicio de las nuevas exigencias.

El jurista no puede operar sobre el *ius* a su capricho, porque suya es la técnica, suya la ciencia, pero no las rutas mentales, que le vienen marcadas por la conciencia social. En rigor, la confianza puesta por el pueblo en el jurista no es incondicional. No lo es, porque le quiere intérprete de sus propias ideas y creencias, de su cuadro de categorías, y éste postula no ya la *creatio* de principios jurídicos nuevos, sino

---

pleada por GAYO, es considerada extraña y hasta satírica por HONORÉ, *Gaius*, Oxford, 1962, pág. 122. De modo contrario, BRETONE, *Tecniche e ideologie*, pág. 241, n. 1; ROBLEDA, *Introduzione*, cit., pág. 109, n. 211.

[9] Expresión aplicada por POMPONIO (D.1.2.2.39) a MANILIO, PUBLIO MUCIO SCÉVOLA y JUNIO BRUTO, de quienes dice que *«fundaverunt ius civile»*, pero no para significar la creación o instauración de derecho civil, sino de la *interpretatio* de éste como ciencia jurídica. Véase DE FRANCISCI, *Storia*, 2.1, página 225, donde recoge las opiniones de SCHNEIDEL y SANIO.

[10] POMPONIO, D.1.2.2.5.

[11] POMPONIO. D.1.2.2.12.

la *inventio,* el descubrimiento, el hallazgo de lo que, entrañado en los *cunabula iuris,* con latido conciente o inconciente, puede servir, por oportuna explicación, a las demandas que vengan reclamadas cada día.

El hecho de que el jurista no pueda ir más allá de la analogía [12], habla a favor de su dependencia respecto de las rutas mentales de las que hemos hablado.

Cuando falla la analogía, esto es, cuando el jurista no puede, por modo lógico, desenvolver los principios y preceptos tradicionales, lo único que procede es la entrada en juego de la jurisdicción, de la actuación pretoria [13], con las consecuencias que luego señalaremos.

Se argüirá que en no pocos casos la actitud de los juristas resulta tan avanzada, que «la distancia entre lo antiguo y lo nuevo es sustancialmente incolmable» [14]. Cabe que tal argumento sea válido, pero siempre cabrá preguntar qué ha ocurrido en el curso de tiempo que va desde la hora vieja a esa otra en que prende la solución de todo punta nueva. Advirtamos todo esto: *a)* el veterano *ius civile —ius non scriptum* encarnado en los *mores*—, junto con su *interpretatio,* constituye un repertorio de preceptos en extremo fluido; *b)* de

---

[12] Véase REGGI, *La interpretazione analogica in Salvio Giuliano, Studi Parmensi,* 2 (1952), pág. 103 y sigs.; 3 (1953), página 465 y sigs.

[13] Claro es, a este respecto, PEDIO, D.1.3.13. Véase LA PIRA, *La personalità scientifica di Sesto Pedio,* BIDR, 45 (1938), página 308 y sigs.

[14] VOCI, *Istituzioni di diritto romano,* 3.ª ed. (Milán, 1954), página 39.

tal repertorio sólo conocemos parte, y no bien, de lo expreso, y leves e inseguros atisbos sobre su proceso estratigráfico; *c)* el laboreo sobre lo implícito —no poco y lo más necesitado de clareo —debió alcanzar grandes cotas, pero sería quimérico tratar de columbrarlo.

Hechas tales consideraciones, cabe todavía añadir que si el jurista se sintió movido a activar lo decididamente *nuevo,* debió contar con una opinión social favorable. La "aventura" del arriscado jurista no podría prosperar por sí misma. Prosperaría merced al asenso social.

Difícil le sería al jurista apearse de la "tradición", ya que ésta animó de pleno la vida civil, bajo la insoslayable presión de las "creencias". Inspeccionado, vigilado el jurista por la opinión pública, y no negada ésta a solventar las nuevas relaciones demandadas por la evolución social, pidió de él deducciones sólo tenidas por legítimas si descendientes de los principios originales. Proceder de otro modo, tanto sería como traicionar su verdadera misión [15].

Verdad es que casi todos los romanistas se inclinan por señalar para el jurista romano una tarea de "creación de Derecho", aun cuando algunos sin librarse de cierta manera de vacilación o, cuando menos, de lenguaje carente de transiciones o matices [16].

---

[15] Cfr. ARANGIO-RUIZ, *Historia,* pág. 162.

[16] GUARINO se refiere a la *interpretatio* del jurista laico republicano con esta suerte de matización: «obra práctica de creación del *ius* o, por mejor decir, de desarrollo creativo del *ius civile*» (*Diritto privato romano,* 8.ª ed., pág. 109. Cfr. pág. 106, donde habla, en relación con el *praetor urbanus,* de «obra de deformación innovadora».

Tajante, en un principio [17], y con suavización o moderación, después, se mostró ARANGIO-RUIZ a la hora de negar a la jurisprudencia la condición de ”creadora”.

Tajante, en un principio, cuando afirmó que risa, y no otra cosa, le produciría a un jurista de la época republicana si se le dijera que estaba en situación de «inventar reglas de derecho nuevo», pues la lectura de las obras de los antiguos «prueba que en su propio espíritu su papel se limitaba a encontrar alguna cosa que estaba ya implícita en la costumbre de los antepasados, para ayudarla a manifestarse a la luz del día» [18]. Con suavización o moderación, después, pero no hasta el punto de rectificarse o desdecirse, como lo prueba la lectura, siempre aleccionadora, de su *Storia* y de sus *Istituzioni*.

Estimamos que la tal lectura pone de relieve algo que muchos estudiosos actuales no suelen advertir. Nos referimos a la intercomunicación —una especie de ”fenómeno de ida y vuelta”— entre la opinión pública y el jurista —y el pretor, por supuesto—. Ciertamente, la opinión pública, de todo punto manifiesta tras la abo-

---

[17] ARANGIO-RUIZ, *La cosidetta tipicità delle servitù e i poteri della giurisprudenza romana*, en *Il Foro italiano*, 59 (1934), página 4, pág. 49 y sigs.; *La règle de droit et la loi dans l'Antiquité classique*, en *L'Egypte contemporain*, 29 (1938), pág. 17 y sigs. (recogido, este último, en *Rariora*, Roma, 1946, con reimpresión en Camerino, 1970, pág. 231 y sigs.

[18] ARANGIO-RUIZ, *Rariora*, cit., págs. 253-254.

lición del monopolio pontifical, considera la norma jurídica como anterior a cuanto sobre ella dijeran los juristas.

Por su expresividad, creemos oportuno transcribir esto que dice ARANGIO-RUIZ: «Esto quiere decir, en concreto, que la norma jurídica fue considerada como objetivamente preexistente a toda formulación hecha por los doctos e indoctos en sus negocios o litigios propios o ajenos. Y preexiste, en la mayoría de las ocasiones, por no hallarse explícitamente expresada en una ley, sino por encontrarse implícita en la costumbre, la cual, por ser viva y eterna, no contenía únicamente las soluciones que, en un determinado momento, hubiesen sido oficialmente pronunciadas por los tribunales, sino que encerraba en germen aquellas otras que florecerían en el porvenir ante la concurrencia de nuevas circunstancias hasta entonces imprevisibles» [19].

2. Como queda dicho, la opinión pública pone su confianza en los juristas, mas no sin dejar de fiscalizar su actuación. Merced al proceso interpretativo de los juristas la norma cuaja en prolífica gama de soluciones, pero siempre sin olvido de que éstas cuentan con la aprobación de los *cives,* ya que, de otro modo, quedarían en letra muerta [20]. Evidentemente, la

---

[19] ARANGIO-RUIZ, *Historia,* pág. 162.

[20] Véase PROVERA, *Introduzione al corso di diritto romano,* Turín, 1980, pág. 66 y sigs., que se adhiere a la tesis de GALLO (*Interpretazione e formazione consuetudinaria del diritto,* Turín, 1951), según el cual la *interpretatio* jurisprudencial y la recepción *moribus* —la acogida de aquella por el ambiente social— concurrieron a la formación del *ius civile.*

tarea interpretativa ha menester de «correspondientes, constantes comportamientos de los sujetos privados» [21].

Creemos que la tarea jurisprudencial, asistida por el refrendo popular —*consensus, probatio, persuasio*— se mantiene firme en los tiempos preclásico y clásico. Tal como advirtió SAVIGNY, la jurisprudencia es «el órgano en que vive y opera, con fuerza y precisión especial la conciencia común del pueblo» [22].

La constante y reverente invocación, con ecos que llegan a las postrimerías del siglo II de C., de los *mores,* los *civilia instituta,* los *instituta patrium,* prueba que la jurisprudencia permanece firme en lo que atañe al significado de su oficio, nunca turbador del viejo orden civil, tenido siempre por preexistente.

Al estimar CASIO LONGINO que tal orden no debe ser alterado [23], una cierta afinidad no superficial, no liviana, le empareja al «innovador» LABEÓN.

Pomponio, en D.1.2.2.47, dice: *hi duo* (Labeón y Capitón) *primum veluti diversas sectas fecerunt: nam Ateius Capito in his, quae ei tradita fuerant, perse-*

---

[21] PUGLIESE, *Istituzioni,* págs. 211 y 530. Cfr. ARANGIO-RUIZ, *Istituzioni,* pág. 38; GUARINO, *Diritto privato romano,* página 106.

[22] SAVIGNY, *Sistema del diritto romano attuale,* trad. ital. de SCIALOJA, Turín, 1886, pág. 64.

[23] TÁCITO, *Annales,* 12.12; 14.43.

verabat; Labeo ingenii qualitate et fiducia doctrinae, qui et ceteris operis sapientiae operam dederat, plurima innovare instituit.

Tal dice Pomponio, no sin haber dicho un poco antes que Labeón declinó el consulado ofrecido por Augusto. Unido lo último a lo primero —la nota que conviene a su significación política con la relativa al ingenio y la doctrina que le eran propias como jurista—, son muchos los que califican hoy a Labeón con el epíteto de «progresista». Puede que este epíteto se preste a equívocos en tema de política, y resulte enigmático en su referencia al Derecho privado [24], pero cabe que la disputa escolástica sea llevada a buen término con algo que nos cuenta Gelio. Cuenta éste, en efecto, que en una de las cartas de Ateio Capitón se dice que Antistio Labeón era un excelente conocedor de las leyes y costumbres del pueblo romano y del derecho civil, si bien le agitaba una desmedida e insensata libertad, hasta el punto que, siendo ya príncipe y estando al frente de la república el divino Augusto, sólo consideraba válido lo ordenado y sancionado en los viejos tiempos romanos [25].

La *«libertas quaedam nimia atque vecors»* de Labeón se cifra en su opinión franca y valiente por lo tradicional, en la doble y concertada visión de lo político y de lo jurídico. No se olvide que los *mores maiorum* «son el hilo conductor de los *Commentarii*

---

[24] Así ARANGIO-RUIZ, *Historia,* pág. 338.

[25] GELIO, 13.12.1-2: *In quadam epistula Atei Capitonis scriptum legitimus, Labeonem Antistium legum atque morum populi Romani iurisque civilis doctum adprime fuisse. «Sed agitabat», inquit, «hominem libertas quaedam nimia atque vecors usque eo ut, divo Augusto iam principe et rempublicam obtinente, ratum tamen pensumque nihil haberet, nisi quod iussum sanctumque esse in Romanis antiquitatibus legisset».* Cfr. BRETONE, *Tecniche e ideologie,* pág. 19.

iuris pontifici», no menos que el diseño de la *potestas* de los tribunos [26].

Claro —decidido y hasta encorajinado— es su apego al ideario republicano, negándose a aceptar el consulado que le ofreció Augusto, y clara también su adhesión a las veteranas esencias jurídicas, sin perjuicio de avivarlas —y aquí está lo "novedoso"— con una técnica preñada de espíritu brioso, pesquisidor de cultura jurídica progresora. Aquí, si se nos permite cierta licencia, pudo sentirse espoleado por el fuego de su encendido espíritu ítalo sureño.

El tradicionalismo de los juristas romanos —y en esto, y no en otras cosas, forman "bloque" [27]— es patente. Por verdad, no es extraña la coexistencia de pareceres u opiniones de AQUILIO GALLO, perteneciente a los últimos tiempos republicanos, con otros de ULPIANO y PAULO, que viven a mediados del siglo III de C. [28].

Cierto que no pocas cosas pueden decirse a propósito del papel asumido por la jurisprudencia clásica en comparación con la republicana. La firmeza adquirida por el viejo y tradi-

---

[26] BRETONE, *ob. cit.*, pág. 19.

[27] No cabe medir a *todos* los juristas por el mismo rasero. No todos poseyeron el mismo grado de inteligencia y de formación cultural; no todos comulgaron en el mismo ideario político, aunque el apego al "republicanismo" empuje a los más; no todos, en fin, sujetaron su operar a idénticos cánones metódicos. Confróntese IGLESIAS, *Espíritu*, pág. 68 y sigs.; IGLESIAS-REDONDO, *La técnica de los juristas romanos*, Madrid, 1987, pág. 54.

[28] BIONDI, *Istituzioni di diritto romano*, 3.ª ed. (Milán, 1956), página 31.

cional edificio del Derecho privado —libre, en la época del Principado, a pesar de los dictados de la nueva política, del asedio de las fuentes autoritarias *(lex, senatusconsultum, constitutio principis)*—, exonera a la jurisprudencia clásica de llevar a cabo una tarea de *interpretatio* pareja en intensidad a la del período clásico. Por lo demás, la propia *interpretatio* se sirve en este momento del apoyo doctrinal que le presta una literatura más pródiga, aunque no bien cuajada en los ámbitos de la estilística y de la sistematización: *libri iuris civilis, libri ad edictum,* comentarios y notas de obras de precedentes juristas [29].

Lo que no creemos, en todo caso, es que la menor intensidad pudiera deberse a una afirmación de la *consuetudo* como fuente autónoma. Si ya nos hemos pronunciado en este punto, significamos ahora la idea de que quedaría achicada la imagen de la jurisprudencia clásica si resultara que ésta perdió o, cuando menos, vio menoscabado gravemente, su viejo e invariable oficio de intérprete de los *mores* civiles, al venir desestimado por la conciencia social.

3. Guardada consideración a cuanto dejamos dicho, por manera de entender que el *ius civile* descansa máximamente en la *interpretatio* de los *mores,* se nos plantea el problema de

[29] Cfr. Guarino, *Storia del diritto romano,* 7.ª ed. (Nápoles, 1987), pág. 424 y sigs.

juzgar sobre el alcance del *ius respondendi ex auctoritate Principis* del que hablan POMPONIO (D.1.2.2.49 y 50) y GAYO (1.7). Se trata, en definitiva, de saber si a partir de ahora, esto es, de la concesión de tal *ius* a determinados juristas, cabe calificar a éstos como "creadores de Derecho".

Aparte de que POMPONIO —o quien hable por él, en compendio postclásico— no se distinga por un buen trato con la estilística [30], ni que tampoco GAYO —o quien le corrija después— destaque por una loable manera de expresión [31], creemos que, dentro de las últimas indagaciones en torno al *ius respondenti* [32], cabe

[30] Véase ARANGIO-RUIZ, *Romanisti e latinisti, Studi Sassaresi,* 16 (1938), pág. 7 y sigs. (estr.).

[31] Sin llegar a contener «a element satirical», como piensa HONORÉ, *Gaius,* cit., pág. 122. No entramos aquí en juegos semánticos a propósito del término *«condere»* y de la expresión *«legis vicem optinet»,* para no sumar un esterilizante "discurso académico" a los ya pronunciados hasta ahora. Al decir de ALBANESE (*Premesse,* pág. 102, n. 69), no parece que Gayo 1.7 se refiera para nada al *ius respondendi ex auctoritate principis;* lo de aquellos a los que *«permissum est iura condere»* se aplica también a los juristas no privilegiados por el emperador, dado el peso tradicional de la *interpretatio iuris.*

[32] Sobre el alcance, controvertido, del *ius respondendi,* en tiempos de Augusto y de Adriano, y siempre sin olvido del rescripto de este último, mencionado por Gayo 1.7, véanse KUNKEL, *Das Wesen des «ius respondendi», ZSS,* 66 (1948), página 423 y sigs.; *Herkunft und soziale Stellung der römischen Juristen,* Graz-Viena-Colonia, 1967, pág. 280 y sigs.; MAGDELAIN, *Ius respondendi, RH,* 28 (1950), pág. 1 y sigs., pág. 157 y sigs.; *Ex auctoritate principis respondere, Atti Verona,* 2 (1951), pág. 93 y sigs.; SCHÖNBAUER, *Die Legende vom «ius publice respondendi ex auctoritate principis», Österreichische Akademie der Wissenschaften. Philosophis- historische Klasse.*

acostarse a las que, de un modo o de otro, permiten suponer que éste no fuerza o, mejor, no vincula a los jueces respecto de los *responsa* provenientes de juristas "privilegiados".

Evidentemente, los juristas de la época republicana tenían una *auctoritas,* un "prestigio" personal motivador de confianza —de *fiducia*—. Ganada ésta por sí mismos, en tal época —*«ante tempora Augusti publice respondendi ius non a principibus dabatur»* [33]—, la de los juristas del Principado descansa en el reconocimiento del príncipe. Ahora bien, tamaña "consagración" no permite pensar, desde un punto de vista estricto y formal, en la fuerza vinculante del *responsum* para el juez, sin perjuicio de que venga a azuzar la sensibilidad de éste.

Convenimos con quien entiende que los *«responsa* de los juristas patentados ofrecen dos consecuencias de interés: en primer término, es legítimo pensar que serían alegados ante el *iudex,* no sólo en forma de *responsum* concreto dado para el caso litigioso particularmente planteado, sino, también, mediante la invoca-

---

Anzeiger, 87 (1950), pág. 94 y sigs.; *Zur Entwicklung des «ius publice respondendi»,* IVRA, 4 (1953), pág. 224 y sigs.; von LÜBTOW, *Miscellanea, Studi Arangio-Ruiz,* 2 (1952), pág. 368 y sigs.; HORVAT, *Note intorno all' «ius respondendi», Synteleia Arangio-Ruiz* (1964), pág. 710 y sigs.; BRETONE, *Tecniche e ideologie,* pág. 247 y sigs.; GUARINO, *Le ragioni del giurista,* Nápoles, 1983, pág. 95 y sigs., que rectifica la opinión dominante.

[33] POMPONIO, D.1.2.2.49.

ción de dictámenes emitidos en otros casos análogos que figuran en las obras de los juristas patentados, invocación obligada cuando el jurisconsulto hubiese ya muerto; quizá a ello se debe la indicación de GAYO en 1, 7, de que los *responsa prudentium* consisten en *sententiae et opiniones;* y si esto fuese así, asistiríamos con ello al principio de una especie de «canonización» de la producción literaria de la jurisprudencia; y estaría justificada la afirmación de GAYO de que a esos juristas les habría sido conferido el permiso de crear Derecho *(quibus permissum est iura condere)»* [34].

Respecto de la época clásica, lo que dice GAYO sobre la fuerza de ley —*Gesetzeskraft*— de los *responsa,* no puede ser tomado al pie de la letra, advirtiendo que el rescripto de Adriano se limitaría, probablemente, a indicar al juez su modo de proceder en el supuesto de concurrir pareceres contradictorios [35].

Adviértase, en todo caso, que la actitud de Adriano, en tema de *ius respondendi,* no consuena con la de Augusto. Aun persiguiendo, como éste, una alianza con determinados juristas, trata de resolver la cuestión de otro

---

[34] ALVAREZ SUÁREZ, *La jurisprudencia,* pág. 184.

[35] Así KUNKEL, *Römische Rechtsgeschichte,* 8.ª ed. (Colonia-Viena, 1978), pág. 102 y n. 55. ROBLEDA (*Istituzioni,* pág. 125, n. 247) advierte el problema que afectaría al discurso del *in unum concurrere* en el supuesto de que apareciese el *responsum* de un solo jurista en punto a la cuestión controvertida.

modo, esto es, mediante la reorganización y potenciación del *consilium principis,* dando entrada en el mismo a juristas prestigiosos trocados en funcionarios imperiales. Juristas, por lo demás, atentos al patrimonio de ideas, de principios y métodos heredados, «que quieren desarrollar sin ruptura», que tratan de cohonestar, en último extremo, con «los problemas nuevos que el aparato imperial debe afrontar» [36].

Bajo el Principado, en lo jurídico —y hasta en lo político, y más de lo que parece—, no hay ruptura con la tradición republicana.

Si confuso es el tema, presto siempre a poner en juego toda clase de aventuradas hipótesis, se puede andar cerca de la verdad al sostener que «el *ius respondendi* no altera aquel carácter formalmente reconocedor *(ricognitivo)* de la obra de la jurisprudencia, aquella su posición de intérprete respecto del *ius civile* considerado como preexistente, que se refleja en todo el movimiento de opiniones de los jurisconsultos, en sus oscilaciones y divergencias» [37].

[36] BRUTTI, en *Lineamenti di storia del diritto romano,* cit., página 478 y sigs.
[37] GROSSO, *Premesse,* pág. 70.

IV. «IURIS DICTIO»

1. Carecemos de datos suficientes y veraces para penetrar en el territorio central en que actúa el pretor, y tal es el proceso.

Ante las escasas y endebles noticias suministradas por las fuentes, hay que recurrir a las hipótesis, si bien procurando que éstas entren en la línea de lo "razonable"[1]

En hipótesis sólo asistidas por «la autoridad de los grandes nombres de la ciencia romanística», descansa casi siempre lo mal conocido de los principios fundamentales del procedimiento formulario y de la estructura de las fórmulas[2].

---

[1] Cfr. NÖRR, *Zur interdependenz von Prozessrecht und materielen Recht am Beispiel der lex Aquilia, Rechtshistorisches Journal,* 6 (1987), pág. 104, quien aporta una idea seria —"razonable"— a propósito de la *lex Aquilia,* en relación con el *occidere.*

[2] SOTTY, *Sodalitas A. Guarino,* 5 (1984), pág. 2477.

Como señala Nörr, salvo lo poco y difícilmente interpretable que registra el Digesto y algún raro testimonio literario, el conocimiento que tenemos del proceso preclástico y clásico proviene del incompleto libro cuarto de las Instituciones de Gayo, que en la *editio minor* de David no alcanza ni siquiera las cuarenta páginas. Un Manual moderno —prosigue Nörr— sobre procedimiento civil, si fuera condensado en cuarenta páginas, sólo permitiría, en el mejor de los casos, trazar las líneas fundamentales del proceso. Quedaría oscuro el proceso, no sólo en sus detalles, sino también, y, sobre todo, en su concreto desenvolvimiento práctico [3].

A lo antes dicho se suma el hecho, no siempre afortunado, de transportar al ámbito romano —un *unicum* en la historia del Derecho— teorizaciones de cuño moderno sobre la relación entre el derecho (subjetivo) y la acción [4].

Evidentemente, no cabe desconocer la fuerte comunicación que media entre el "derecho material" y el "derecho procesal". Al margen de que en Roma, y tal como nosotros creemos, frente al común de la doctrina, el pretor no crea —nunca directamente, cuando menos— situaciones jurídicas subjetivas, resulta cierto que la fuerza y virtud de los derechos cobra mayor luz a la hora de la contienda procesal.

La acción, a más de constituir el medio legítimo para la actuación del derecho, pone de manifiesto, a través de la fórmula correspondiente, la consistencia de éste.

Recomendable es, por todos los conceptos, apremiar y avivar el estudio del procedimiento civil romano,

---

[3] Nörr, 1.c., pág. 103.

[4] Véase Pugliese, *«Actio» e diritto subiettivo,* cit., pág. 14, quien habla de que hay que prescindir de las verdades tralaticias sacadas a luz hace poco, así como de los esquemas de algunas concepciones dogmáticas recientes.

pese a las dificultades que dejamos denunciadas. La labor llevada a cabo en un curso de cien años —y surgen prestos los nombres de WLASSAK, WENGER, KELLER, KASER, LUZZATTO, PUGLIESE, CANNATA, en cuanto autores de manuales o tratados de notable entidad[5]— merece la máxima alabanza.

Sin embargo, séanos permitido decir que no conviene pasar de la extremosa consideración del Derecho romano bajo el solo plano "sustancial" o "material", propia de los pandectitas, a la de "procesalizar" el derecho sustantivo. Lo loable es conjugar uno y otro aspecto, sin alejarse de la peculiar e irrepetible visual romana.

Leer en las fuentes, cuando éstas existen, resulta tarea ardua. *Crear las fuentes*[6] no es tarea propia de quien se precie de llamarse historiador del Derecho. Porque, aun sólo contando con las pocas existentes, cabe avecinarse a esa visual, poniendo en comunicación los datos habidos, fragmentarios y descabalados, con ese poderoso foco de conocimiento que es el modo de ser —WESEN— de los romanos. Quien tenga capacidades para meterse en el intramundo de tales hombres, atisbará, cuando menos, el porqué de la faena jurisprudencial y de la faena pretoria en tema de Dehecho y justicia.

---

[5] Sin olvido, claro está, de la reconstrucción del edicto pretorio por obra de LENEL: *Das Edictum Perpetuum. Ein Versuch zu seiner Wiederherstellung*, 3.ª ed., Leipzig, 1927. La producción monográfica, altamente valiosa, obligaría a citar buen número de estudiosos de varios países, pero no es éste el lugar apropiado. Significamos, de todos modos, que España no está ausente de este campo de la indagación romanística, con relevantes contribuciones de d'ORS (y discípulos suyos), ALVAREZ SUÁREZ, FUENTESECA, MURGA, PARICIO.

[6] Remedamos aquí, en cierto modo, algo dicho por IHERING, en su *Jurisprudencia en broma y en serio*, trad. esp. de RIAZA, Madrid, 1933, pág. 268.

2. El *ius civile* es la única manera de *ius*, es la única fuente de derecho sustancial; el *ius honorarium* no es nunca determinante de situaciones subjetivas calificadas como "jurídicas". Viene en prueba del ello el distinto tenor de las fórmulas *in ius conceptae*, acogidas en el edicto sin cláusula edictal, y las fórmulas *in factum conceptae*, donde los *facta* amparados en nada y por nada enuncian situaciones "jurídicas" sujetivas.

La tutela de un "hecho" —de un *factum*— presupone un juicio, no manifiesto, acerca de una relación sustancial fáctica, pero no favorecida con el grado de "juridicidad", sólo dispensable por el ordenamiento jurídico. El trueque de esa relación sustancial meramente fáctica en relación sustancial de razón jurídica o, si se quiere, la recepción en el *ius civile* de institutos favorecidos por tutela pretoria, aparte de ser muy limitada, no atribuye al pretor otro papel que el de agente mediador. Queremos decir que la obra de recepción de institutos pretorios en el ámbito del *ius civile*, con el paso de la *formula in factum* a la *in ius concepta (ex fide bona)*, debió operarse *moribus* [7], sin perjuicio de verse alentada por el repitiente edicto tralaticio y asistida por la mano oculta del jurista.

[7] Véanse MITTEIS, *Römisches Privatrecht*, Leipzig, 1908, página 50; WLASSAK, *Die klasische Prozessformel*, Viena, 1924, página 42, n. 44; PUGLIESE, *«Actio» e diritto subiettivo*, página 143; TALAMANCA, *Lineamenti*, 1, 179.

Hay figuras negociales en las que coexisten una *formula in factum* y una *formula in ius concepta (ex fide bona)*. Tal ocurre con el depósito, el comodato, la prenda, tal vez, y la *negotiorum gestio*. Si gozaron, primero, de una tutela pretoria cifrada en la *actio in factum,* nada sabemos con certeza acerca de cómo fue ganado el sello civil de la figura negocial o de la correspondiente acción [8].

Pareja coexistencia no se da en los contratos consensuales (compraventa, arrendamiento, sociedad y mandato). A propósito de estos contratos, puestos en relación con la corriente del *ius gentium,* en la hora de un fuerte y fluido tráfico comercial, y signados, en el período clásico, por la tutela civil de los *iudicia bonae fidei,* la doctrina actual abre puertas a dos hipótesis: *a)* la que señala una precedente tutela pretoria, con *formula in factum concepta* y una subsiguiente *formula* con el *oportere ex fide*

---

[8] En la representación de d'Ors (*Derecho privado romano,* 6.ª ed., cit.), el depósito tuvo, primero, una *actio in factum,* y una *actio in ius,* después (pág. 521 y sigs.); el comodato careció de *actio in ius* (pág. 461); la prenda, sólo *in factum* (página 464); la *negotiorum gestio, in factum,* primeramente, *in ius* y *ex fide bona,* posteriormente (pág. 533). Sobre la doble fórmula del depósito, véanse Burillo, *SDHI,* 28 (1962), página 233 y sigs.; Maschi, *Studi Scherillo,* 2 (1972), pág. 573 y sigs. Contrario a la fórmula *in ius* en el comodato se muestra Paricio, *RIDA,* 29 (1982), pág. 235 y sigs. Véanse, en todo caso, Kaser, *Das römische Privatrecht,* 1, 2.ª ed., pág. 535 (depósito), pág. 534 (comodato), pág. 537 (prenda), pág. 589 *(negotiorum gestio)*; Talamanca, *ED,* v. *«Processo civile (diritto romano)»,* 36 (1987), pág. 64 y n. 457 (estr.).

bona, que marcaría el tránsito a la disciplina civil; *b)* la que estima que desde una primera *formula,* portadora del *oportere ex fide bona,* y bajo amparo pretorio, se llegó, tras lenta evolución, a la rotunda calificación que es consonante con el *oportere* civil[9].

Es cuestión, la dicha, difícil de zanjar, y más cuando carecemos de noticias sobre el arte o manera merced a la cual se produjo la recepción en el seno civil de las mencionadas figuras negociales o contractuales. Añádese que, si se acepta la hipótesis de que la disciplina civil de los contratos consensuales enraizados en el *ius gentium* proviene de actuaciones asumidas por el pretor peregrino, la cuestión debatida gana en dificultades. Porque origen civil, puramente romano, tienen la *actio tutelae* y la *actio fiduciae,* ambas de buena fe, como lo tienen la *stipulatio* y la *acceptilatio* —modelada ésta sobre la base de aquélla—[10]; porque un contrato como el de compraventa, típicamente caracterizado por la consensualidad y la mera obligatoriedad, no encuentra paralelo en ningún otro ordenamiento de la cuenca mediterránea[11].

---

[9] Seguimos de cerca la certera síntesis que ofrece TALAMANCA, *Lineamenti,* pág. 176 y sigs.

[10] Véanse CORNIOLEY, *De la «sponsio» a la stipulation: procedure et "contrat", Sodalitas A. Guarino,* 6 (1984), pág. 2891 y sigs.; PARICIO, *Estudio sobre las «actiones in aequum conceptae»,* Milán, 1986, pág. 33 y sigs.

[11] TALAMANCA, *Lineamenti,* pág. 177. Cfr. DE FRANCISCI, *Storia,* 2.1, pág. 261 y sigs.

Creemos, en definitiva, que procede ser cautos a la hora de afirmar que el pretor puede crear Derecho a través de su *imperium*.

PAPINIANO —el propio PAPINIANO, que en D.1.7.7 pr. [12] no encuadra el *ius praetorium* en el marco del *ius civile*— asigna al pretor la tarea de ayudar o suplir o corregir el derecho civil. En rigor, la ayuda —*adiuvare*— y la corrección —*corrigere*— apartan toda idea proclive a entender que el pretor se sale fuera de los carriles por los que discurre el *ius civile*. Por ser *«viva vox»* [13] del *ius civile*, favorece, anima, fomenta a éste, y en tal se cifra la ayuda. Le corrige, reparando o curando rigores que no consuenan con el sentir social, pero siempre sin des-mandarse, sin salirse de la "norma". Si hace más que eso, y pensamos en el *supplere*, se sitúa fuera del *ius civile*, pero no para suplantarle.

En el caso del *supplere* el pretor "hace las veces" del *ius civile*, lo que no significa ponerse en su lugar.

Ahora bien, llegar al *supplere* significa que algo reclamado por nuevas exigencias sociales no puede hallar remedio en la tarea interpretativa del jurista. Significa que, imposibilitado

---

[12] PAPINIANO, D.1.1.7 pr.: *Ius autem civile est, quod ex legibus, plebis scitis, senatus consultis, decretis principum, auctoritate prudentium venit.*

[13] PAPINIANO, D.1.1.8.

éste para extraer o deducir de la norma civil corolarios que salven dichas exigencias, no queda otro remedio que activar medidas en el poder que asiste al pretor.

La actividad pretoria entra en juego, para decirlo otra vez con PEDIO [14], cuando la analogía no brinda lo que se le pide.

Advirtamos, de todos modos, que la actuación pretoria en el supuesto señalado no atenta contra los ejes centrales, contra el tronco mismo del *ius civile*. El derecho de familia —y desde su interioridad hay que explicar el *todo* del Derecho privado romano [15]— mantiene exclusiva regulación civil en su inmensa mayoría; la *bonorum possessio,* máxima definidora del régimen hereditario pretorio, sólo logra completa y definitiva consistencia en momentos tardíos [16]; el *dominium,* pese a los intentos de la doctrina actual por desdibujar lo que tiene de *unicum* en el campo de los derechos reales [17],

[14] PEDIO y JULIANO, D.1.3.12 y 13.

[15] IGLESIAS, *Espíritu,* pág. 94.

[16] TALAMANCA, *Lineamenti,* pág. 181.

[17] Nos referimos al pretendido acostamiento de la servidumbre al *dominium,* definiéndola como bien patrimonial —propiedad del sendero o del acueducto—, en pugna con la afirmación de CELSO, D.33.2.1, de que *«neque ex bonis neque extra bona sit».* También el usufructo, sólo concebido como *«pars dominii»* en algunos textos faltos del rigor dogmático que lleve a traducir en disciplina jurídica firme y sentada lo que sólo tiene asomos de regulación a efectos de salvar ciertos aspectos prácticos. Véase IGLESIAS, *Derecho romano. Instituciones de Derecho privado,* 9.ª ed. (Barcelona, 1985), pág. 346 y sigs.; pág. 356 y siguientes; *Espíritu,* pág. 107 y sigs., con literatura.

no pierde su recia significación originaria; la *obligatio* mantiene su carácter civil, ya que el pretor no puede tener por *obligatio* a quienes, simplemente, se sujetan a la acción por él otorgada —*actione teneri*—.

Grande fue la obra pretoria, pero asentada en sus justos límites. Si el pretor, en virtud del *supplere,* y por las razones dichas, lleva a cabo una tarea desligada del *ius civile,* tiene ésta, como exponente máximo, en el campo de las acciones, las calificadas de *in factum*. Y tal calificación, por sí sola, marca fronteras que delimitan su quehacer al punto de no poder crear *ius*. La propia denominación prueba su "ajuricidad", su extrañamiento de la juridicidad legitimada. Sin perjuicio, claro está, de que bajo el "hecho" tutelado no deje de subyacer esa manera de justicia que postula la *aequitas*.

Debemos apartar la idea de que el pretor «crea relaciones jurídicas entre particulares», porque otras son las "fuentes" de donde éstas dimanan.

Por otra parte, y sin que favorezca ni perjudique a la tesis que sostenemos, no parece que en Roma sea grande el número de relaciones jurídicas que toquen el terreno de lo "justiciable", que es donde se mueve, en faena de administración, el pretor [18].

---

[18] Si resultan ciertos los argumentos de VOLTERRA [*Le basi economiche della elaborazione sistematica del diritto romano, RISG,* 94 (1963-1967), pág. 239 y sigs.], la clase de los económicamente potentados no se significó, precisamente, por ser pleitista, de modo contrario a lo que sucedió con los hombres de condición humilde. Sobre la cuestión, en línea semeja a la

3. Toca al pretor *ius dicere*, "decir el Derecho", "mostrar el Derecho", y del civil se trata, aplicable al caso o situación controvertida.

Rehuimos el entrar en disquisiciones lingüísticas a propósito de «la exacta significación de *ius dicere*, *iudicare* y otras frases jurídicas en las que se encuentra la palabra *ius*», y que tantas veces conducen a tejer interpretaciones todo lo ingeniosas y atractivas que se quiera, pero violentadoras de la realidad romana [19]. Por principio, tanto cabe aceptar que *ius dicere* —o *iurisdictio*— se concreta, primeramente, en la declaración del derecho aplicable al caso concreto, cuanto que también abarca, en momento histórico posterior, el *dare* o *denegare actionem* y el *iudicare iubere*. Más

---

de VOLTERRA, se pronuncia PINNA PARPAGLIA, *Per una interpretazione della lex Cornelia de edictis praetorum del 67 A. C.*, Sassari, 1987, pág. 136 y sigs. En cierta conexión con el tema, GROSSO, *Schemi giuridici e società nella storia del diritto privato romano*, Turín, 1970, pág. 49 y sigs., pág. 381 y sigs., y la recensión de PUGLIESE, *IVRA*, 21, 1970), pág. 268 y sigs., no favorable al planteamiento general —«l'estraneità al diritto del mondo dei grossi affari»—, si bien no negadora de que, en asuntos de relevante importancia económica, las partes recurrieran a la equidad (como en muchos arbitrajes) o al derecho de un especial ordenamiento (como en ciertos arbitrajes internacionales)», e incluso a transigir o renunciar a los propios derechos. Sobre los juristas y el mundo del comercio, véase TALAMANCA, *Dévéloppements socio-economiques et jurisprudence romaine à la fin de la République*, *Studi Sanfilippo*, 7 (1987), página 775 y sigs.

De todos modos, y al margen de la riqueza o la pobreza de los hombres, tanto en Roma como hoy la inmensa mayoría de las relaciones de Derecho se desarrollan, en la manera más auténtica, sin conflictos judiciales: ALVAREZ SUÁREZ, *La jurisprudencia*, pág. 23 y sigs.

[19] ALVAREZ SUÁREZ, *La jurisprudencia*, pág. 18 y sigs. Véanse, no obstante, las agudas consideraciones de ALBANESE, *Premesse*, página 168 y sigs.

aún, no hay inconveniente en entender que abraza todas las providencias adoptadas por el pretor en su tarea de habérselas con cosas o cuestiones controvertidas. En todos los supuestos de la actividad pretoria, la imagen del *ius civile* está presente ante los ojos del pretor, si bien asistido de un *imperium* —del cual la *iurisdictio* es una manifestación [20]— que incluso podía, en el caso concreto, privarlo de vigencia.

Advirtamos, en vía de síntesis, lo siguiente:

i) El pretor *ius dicit: inter cives ius dicit (praetor urbanus); inter peregrinos aut inter cives et peregrinos ius dicit (praetor peregrinus).*

El pretor es «*viva vox iuris civilis*» [21].

ii) La expresión «*ius praetorium (honorarium)*» sólo aparece en contados juristas y, precisamente, después de Adriano [22]. Aparece, con valor doctrinal o didáctico, en profesores como GAYO, POMPONIO y FLORENTINO [23].

Emplea la tal expresión PAULO [24], cuando dice que «*nec minus ius recte appellatur in civitate*

[20] Sobre el alcance, muy controvertido, de la *iurisdictio*, véase la certera exposición del estado doctrinal hecha por MURGA, *Derecho romano clásico, 2. El proceso,* Zaragoza, 1980, página 36 y sigs.

[21] MARCIANO, D.1.1.8.

[22] DE FRANCISCI, *Síntesis histórica del Derecho romano,* traducción esp., Madrid, 1954, pág. 306 y sigs.

[23] MAGDELAIN, *Les actions civiles,* cit., pág. 63 y sigs., con noticia explicada de los textos —veraces o retocados— en que aparece la expresión. Véase también KASER, *Das altrömische ius,* Gotinga, 1949, pág. 96, n. 28.

[24] D.1.1.11.

nostra ius honorarium». La expresión, un tanto forzada, o es expresiva de una falta de familiarización con ella de los juristas de la época o es debida a un retoque posterior.

iii) El *ius civile* nunca viene abrogado por la decisión pretoria, ni incluso cuando en tal o cual caso lo declara privado de vigencia. Mientras el *ius civile* vive de sí y por sí, el llamado derecho honorario descansa en la ocasional decisión pretoria. Por eso mismo, GAYO (4.11) habla de *«actiones quae ex propria iurisdictione pendent»*.

iv) La propia coexistencia, en determinados campos, de tutelas civiles y tutelas pretorias [25] prueba que el pretor no puede reemplazar la "legitimidad" insoslayable del *ius civile*.

v) Los juristas clásicos comentan por separado las materias correspondientes al derecho civil y al derecho honorario. PAULO y ULPIANO, pertenecientes a la última época, se muestran fieles a tal línea, escribiendo obras comentadoras del *ius civile* —libros *ad Sabinum*— y del *ius honorarium* —libros *ad edictum*—.

4. Salvo que estemos ofuscados, y el tema se presta a ello, creemos que, desde un punto

[25] En el caso de la *iniuria* (Coll. 2.5.4) y de las acciones *de arboribus succisis* y *arborum furtim caesarum*, sobre la cual IGLESIAS, *Roma: claves históricas*, pág. 77, n. 142. Véase también la nota 8 del presente capítulo.

de vista rigurosamente técnico, la actividad pretoria, la *iuris dictio,* y la actividad del jurista, la *iuris interpretatio,* se muestran apegadas al *ius civile,* favoreciendo su explicación y desenvolvimiento.

Cuando la tarea interpretativa se siente incapaz de discurrir por los carriles del *ius civile,* por no poder dar juego a cuanto brinda la analogía, la intervención pretoria abre puertas a las acciones honorarias —*«actiones honorariae»*— (o *«praetoriae»)* y, precisamente, a las calificadas *in factum*[26].

En los edictos pretorios[27] no han de verse leyes sustantivas, sino normas avecindadas a las leyes procesales[28]. Sin negar el largo número de los edictos, por más que el Edicto perpetuo[29]

[26] Todas las acciones honorarias son, originalmente, *in factum,* sin perjuicio de que algunas de éstas lleguen a ser elevadas a la categoría de acciones *in ius,* como ocurre, en el caso ya señalado, de la recepción en el derecho civil de los llamados *iudicia bonae fidei.* Véase TALAMANCA, *ED,* v. *«Tribunale»,* 36 (1987).

[27] Donde vienen previstas tanto las acciones civiles —*actiones in ius*—, cuanto las basadas en hechos dignos de la tutela pretoria —*actiones in factum*—.

[28] Cfr. GUARINO, *Diritto privato romano,* pág. 108; *Storia,* página 274; MAGDELAIN, *Les actions civiles,* pág. 76; DE FRANCISCI, *Storia,* 2.1, pág. 239, n. 2, pág. 253.

[29] Nos referimos al adrianeo, esto es, al resultante de la obra de codificación de las reglas y procedimientos edictales de los tiempos anteriores, llevada a cabo por Salvio Juliano, hacia el año 129 a. de C. Las noticias sobre tal codificación —"eternizadora" del texto— son de época adelantada, poniéndolas en duda, no sin argumentos de peso, GUARINO, *LABEO,* 5 (1959), página 67 y sigs.; *L'ordinamento,* pág. 251 y sigs.; *La formazione dell'editto perpetuo, ANRW,* 2.13 (1980), pág. 62 y sigs.

no pase de ser un «breve librito», según lo llama JUSTINIANO [30], se apegan al *officium* que es propio del magistrado [31].

El pretor, por el edicto, promete la concesión de determinados medios procesales: *iudicium dabo; actionem non dabo; agendi potestatem non faciam; iudicium accipere cogam; iurare cogam; causa cognita rationes edi iubebo*; *quod metus causa gestum erit ratum non habebo*; *in bona* o *in possessionem iri iubebo*; *bona deminui vetabo; pacta conventa servabo; in integrum restituam; exceptionem dabo,* etc.

La actividad pretoria tiene su expresión más alta, más potente y cuajada, en la época republicana. Comienza a perder fuerza desde comienzos del Principado, donde sólo entra en juego cuando viene requerida, alguna que otra vez, por senadoconsultos o por edictos imperiales [32]. Lo cierto es que en el mundo clásico derecho civil y derecho pretorio permanecen con sus notas propias, enraizadas en la hora más vieja y siempre sin perjuicio de que el uno necesite del otro [33], mas nunca de modo que el segundo alcance rango de sistema jurídico, por ser cosa sólo reservada al primero.

5. La actuación pretoria [34] puede explicarse de este modo:

[30] Const. «Dedoken», § 18.

[31] Cfr. SCHULZ, *Prinzipien,* pág. 8.

[32] ARANGIO-RUIZ, *Istituzioni,* pág. 3 y sigs.

[33] El pretor *«viva vox est iuris civilis»*. Tiene por presupuesto al *ius civile,* mas puede, en ciertos casos, aunque sea momentáneamente, privar a éste de vigencia.

[34] Con referencia a la actividad pretoria, y dentro del cuadro que ofrecemos a seguido, quedan ausentes la *denegatio actionis* y la *exceptio,* por entender que no obstan al orden de ideas dentro del cual tratamos de discurrir.

A) Ambito del *«ordo iudiciorum privatorum»*:

a) Discusión, en vía procesal, de cuestiones que afectan a los derechos subjetivos de razón civil, amparados por correspondientes —típicas y simétricas— defensas, cifradas en las *actiones in ius conceptae:*

La *denegatio actionis* es una facultad templadamente discrecional, esto es, no simplemente arbitraria, del pretor. Tal facultad se ve atenuada, en efecto, sea por el consejo del jurista, sea por el respeto romano a la tradición y la *constantia* (confróntese SCHULZ, *Prinzipen,* pág. 168), sea, en fin, por la propia sensibilidad de los juristas en orden a los puros vínculos morales (cfr. PUGLIESE, *«Actio» e diritto subiettivo,* pág. 139). De todas suertes, la *denegatio,* no extraña a fundamentos de equidad, ni influye sobre la eventual repetición de la *actio* ante el mismo magistrado o ante otro posterior (METRO, *«Denegatio actionis»,* Milán, 1972, pág. 160 y sigs.), ni afecta a la existencia del derecho material ni a la propia pertinencia del *agere* (PUGLIESE, *ob. cit.,* pág. 113).

La *exceptio* entra en el ámbito de la función correctora del *ius civile,* con miras a satisfacer adelantadas exigencias del sentimiento jurídico. Atento a razones acordes con la *aequitas,* el pretor considera circunstancias que se escaparían a la estimación del *iudex,* necesariamente atento, en el área procesal civil, al tenor rigoroso de la *formula* [TALAMANCA, *ED,* 36 (1987), página 38 y sigs.]. Sin perjuicio de que, admitida la *exceptio,* pueda argumentar el actor contra ésta, pidiendo la inserción de una *replicatio,* y que luego, en momento subsiguiente, solicite el demandado una *duplicatio* (GAYO, 4.126-126 *a*). Tal como dice GAYO, 4.129, la variedad de los negocios llevó al uso de más cláusulas añadidas a las mencionadas (desde la *triplicatio* en adelante).

El tema de la *exceptio* —que, por cierto, no define Gayo— está erizado de problemas planteados por los términos confusos en que se pronuncian las fuentes. Tal tema ha sido no poco clareado por las últimas indagaciones (véase KASER, *Das römische Zivilprozessrecht,* Munich, 1966, pág. 193 y sigs., con literatura en la nota 19).

i) La norma civil se ajusta, según criterios de la *aequitas,* acordes con la estimativa social del tiempo y valorados por el pretor, con el asesoramiento del jurista, al caso concreto debatido. En tal supuesto, la entrada en juego de la *actio in ius* se produce de modo normal y abierto.

ii) La norma civil no se ajusta convenientemente al caso discutido, pero es susceptible de acomodación por la analogía. El jurista, coadyuvante del pretor, realiza una hábil tarea interpretativa, merced a la cual la disciplina civil, traída a terreno de mejor justicia, se mantiene en pie. Es el campo de las acciones ficticias —*actiones ficticiae*—.

La *fictio,* conectada a *formulae in ius conceptae*[35], permite una equitativa explicación o despliegue de la normativa civil, no dejando a ésta de lado[36]. La *fictio* tiene por base de

[35] No tendría sentido la conexión de la *fictio* a las *actiones in factum,* en cuanto que éstas representan la salida fuera del territorio del *ius civile,* porque la analogía no tiene la mínima cabida. Cfr. d'Ors, *Derecho privado romano,* 6.ª ed., pág. 123, n. 3; Talamanca, *ED,* 36 (1987), pág. 56 y sigs.

[36] Sobre la ficción, en general, y sobre las acciones ficticias, en particular, Riccobono, *TR,* 9 (1929), pág. 1 y sigs.; Dekkers, *La fiction juridique,* París, 1935; García Garrido, *AHDE,* 27-28 (1957-58), pág. 305 y sigs., pág. 320 y sigs.; Serrao, *La «iurisdictio» del pretore peregrino,* Milán, 1954, pág. 41 y sigs.; Broggini, *Synteleia Arangio-Ruiz,* 2 (Nápoles, 1964), pág. 934 y sigs.; Guzmán Brito, *Sobre el objeto de las ficciones pretorias, Rev. est. hist.-jurídicos Univ. Cat. Valparaiso,* 3 (1978), página 51 y sigs.; Todescan, *Diritto e realtà. Storia e teoria della «fictio iuris»,* Padua, 1979; Amarelli, *LABEO,* 26 (1980), página 111 y sigs.

actuación la acción civil, cuya explicación interpretativa conduce a resultados de razón justa.

La labor analógica, en búsqueda siempre de ampliar la normativa civil a situaciones dignas de tutela, aparece también en las *actiones utiles*[37]. Creadas *ad exemplum* de un tipo procesal civil, vienen asistidas por una *fictio* —*formula ficticia*[38]—.

No se desparejan tampoco del ámbito civil, modificando la fórmula típica, las llamadas, en el lenguaje moderno, acciones con trasposición de sujetos o de personas, caracterizadas porque en la *intentio* figura una persona, refiriendo la *condemnatio* a otra distinta de ésta. Tal ocurre cuando, a la hora de estar excluida la representación directa y a fin de lograr efectos no admitidos por el derecho civil, la *condemnatio*

---

[37] Sobre las acciones útiles, VALIÑO, *«Actiones utiles»*, Pamplona, 1974; SOTTY, *Recherches sur les «utiles actiones». La notion d'action util en droit romain classique*, Clermont-Ferrand, 1977; *Les actions qualifiées d' «utiles»*, *LABEO*, 25 (1979), página 139 y sigs. Sobre analogía entre *actiones utiles* y *actiones in factum*, SELB, *Studi Biscardi*, 3 (1982), pág. 315 y sigs.; *Studi Sanfilippo*, 5 (1984), pág. 727 y sigs. Sobre *«utiles actiones in factum»*, WESENER, *Studi Betti*, 4 (1962), pág. 495 y sigs. Sobre el origen y significado de las llamadas *actiones ad exemplum, ad instar, ad similitudinen*, STEINWNTER, *Studi Arangio-Ruiz*, 2 (1952), pág. 172 y sigs. Sobre *utiliter agere, utiliter experiri*, en el sentido de accionar con posible éxito, y no ya en el de ejercicio de una *actio utilis*, DAUBE, IVRA, 11 (1960), página 69 y sigs. Cfr. QUADRATO, *LABEO*, 10 (1964), pág. 356.

[38] A la vista de los datos que ofrecen las fuentes, toda especulación sobre el empleo del sintagma *«actio utilis»* puede ser, por desgracia, permitido. Véase, a este respecto, TALAMANCA, *ED*, 36 (1987), pág. 62 y sigs.

viene referida al *cognitor* o *procurator* (representante) y la *intentio* al deudor que figura en el contrato (representado). Asimismo en el caso de las *actiones adiecticiae qualitatis,* dirigidas contra el *pater* o *dominus* por deudas del *filius* o del *servus:* en la *intentio* figura el nombre del sometido; en la *condemnatio,* el del jefe de la casa. En rigor, a estas acciones adjetivas o adicionales no deja de rondarlas el juego de la *fictio.*

b) Discusión, en vía procesal, de casos atañederos a situaciones fácticas que, según criterio pretorio [39], merecen amparo, y éste no puede lograrse a través de la *interpretatio.* Tal es el territorio de las *actiones in factum,* donde halla cobijo un nuevo y largo mundo de relaciones contractuales.

Por verdad, el tema de las *actiones in factum,* con su deslinde de las *actiones ficticiae* y de las *actiones utiles* [40], ofrece no pocas dificultades. Aparte de la parvedad de las fuentes, no hay que descontar la posible mezcolanza, madre de incertidumbres dogmáticas, de normas propiamente clásicas, conexas al procedimiento formulario, y normas del procedimiento *extra ordinem.*

---

[39] Con descanso «en el *ius gentium,* en la *aequitas* y los grandes principios filosóficos inspiradores de todo el derecho honorario», al decir de MURGA, *Derecho romano clásico, 2. El proceso,* pág. 229.

[40] Cfr. d'ORS, *Derecho privado romano,* 6.ª ed., pág. 123; VALIÑO, *Actiones utiles,* cit., pág. 22 y sigs.

En todo caso, siempre hay terreno abonado para la conjetura, que puede llevar, planteada seriamente, a descubrir algún enigma o, cuando menos, a aproximarse al descubrimiento. Así, por ejemplo, en tema de *lex Aquilia,* y a propósito de la *actio in factum* otorgada para el caso de muerte indirecta —*«causam mortis praestare»*—, Nörr trata de colmar la laguna existente en la regulación de tal caso en el tiempo que va desde dicha *lex* (dictada en año incierto del siglo III a. de C.) hasta el afianzamiento del procedimiento formulario. En ese lapso de tiempo tal laguna pudo evitarse mediante una subsunción ficticia semeja a la de las vides entre los *«arbores»,* para remediarse por modo seguro, en el ámbito del procedimiento formulario, con la *actio in factum* [41].

Si no estamos equivocados, la hipótesis de Nörr confirmaría nuestra idea acerca del obligado apego del jurista y del pretor al *ius civile,* sólo sorteado mediante habilidosas argucias —la dicha subsunción ficticia—, o bien, cuando se juzga que aquélla no es posible, mediante el recurso —extramuros de la *actio in ius*— de la *actio in factum.*

B) Ambito de situaciones extraordinarias —*extra ordinem*—, ajenas al orden procesal.

Háblase aquí de los «actos de imperio más que de jurisdicción», que se traducen en interdictos, *stipulationes, restitutiones in integrum* y *missiones in possessionem.*

Se trata de medidas cautelares que, de un modo o de otro, constriñen a observar un de-

[41] Nörr, escrito citado en la nota 1.

terminado comportamiento [42]. De suyo, ninguna tiene nada que ver con la *actio*. La *actio* descansa en un derecho *(ius)* o en un hecho *(factum)* que, por declaración pretoria, merece amparo.

En cualquier caso, su traducción seca y fuerte por "órdenes", como pudiera recomendar la expresión de actos *«magis imperii quam iurisdictionis»,* puede no ser afortunada, si con ello se pretende afirmar que el magistrado declara, impositivamente, un derecho o lo que, en vía de hecho, se estima por tal, o bien que otorga una *actio*.

Los interdictos son decisiones del pretor encaminadas a una exhibición, a una restitución o a una prohibición. Asumen el carácter de providencias administrativas urgentes, en cuanto persiguen el mantener una situación o el que se obtenga un determinado comportamiento en momento que no admite dilación. El magistrado, sin necesidad de recurrir a una averiguación especial, da el interdicto, ordenando una cierta conducta, y bajo el supuesto, bajo la hipótesis de que la petición se funda en algo que merece ser protegido.

Los interdictos presuponen la falta de una norma amparadora de situaciones sólo aparentemente jurídicas, pero estimadas, en vía pre-

[42] Cfr. De Martino, *La giurisdizione,* pág. 218 y sigs.

liminar e hipotética, como dignas de tutela. Se ordena la observancia de una determinada conducta, mas sin que ésta encuentre apoyo ni en preceptos del *ius civile* ni en efectos indirectamente derivados de acciones pretorias [43]. De todas maneras, para los clásicos solicitar un interdicto no es *agere* [44].

La *restitutio in integrum* tiene por base una simple súplica —*impetratio, postulatio, supplicatio*— para llegar a una ayuda —*subvenire, adiuvare, succurrere, indulgere* [45]—. Pedida la ayuda, según términos fundados en la *aequitas,* a la hora, por ejemplo, en que media *dolus* o *metus,* la repristinación o vuelta plenaria a la situación jurídica anterior, declarando «*rescissum*» el acto o negocio, supone tanto como salvar lo que es contrario a justicia. En todo caso, la *restitutio* campea extramuros de las *actiones* [46].

La *missio in possessionem,* aparte de denunciar, por la propia denominación, el carácter de afectante a una figura extrajurídica —la *possessio*—, se define por ser medida de carácter provisional o interino, con fines cautelares, de apremio indirecto —coercitivo— o de prepa-

---

[43] Cfr. PUGLIESE, *Istituzioni,* pág. 370.
[44] SCHULZ, *Derecho romano clásico,* pág. 59.
[45] ALVAREZ SUÁREZ, *Curso de Derecho romano,* 1, Madrid, 1955, pág. 487 y sigs.
[46] LAURIA, *Iurisdictio, Studi Bonfante,* 2 (1929), pág. 481 y siguientes.

ración de medios aseguradores de mejores derechos [47].

Las *stipulationes praetoriae,* dichas también *cautiones,* no tienen otro alcance que el de forzar, por vía indirecta —denegación de acción o de excepción, *missio in possessionem,* etc.—, el resultado del juicio —*cautio ratam rem haberi, cautio iudicatum solvi, cautio pro praede litis et vindiciarum, cautio ex operis novi nunciatione*—, o la propia comparecencia en el mismo —*sistere vadimonium*—, o, en fin, la defensa de intereses no tutelados o tutelados insuficientemente —*cautio usufructuaria, cautio damni infecti*—. De lo acordado o prometido, y no ya de la propia orden magistratual, dimana una acción [48].

Lo cierto es que, con referencia a todas estas medidas o providencias, los juristas clásicos no hablan para nada de *actio* o de *agere.*

---

[47] SOLAZZI, *Il concorso dei creditori,* 1, pág. 15 y sigs.; M. F. LEPRI, *Note sulla natura giuridica delle «missiones in possessionem»,* Florencia, 1939; BRANCA, *SDHI,* 9 (1943), página 127 y sigs.; *Studi Solazzi* (1948), pág. 483 y sigs.; BOZZA, *Synteleia Arangio-Ruiz,* 2 (1964), pág. 616 y sigs.; KASER, *Das röm. Zivilprozessrecht,* pág. 333 y sigs.; MARRONE, *La leggitimazione passiva alla «rei vindicatio»,* Palermo, 1970, pág. 135 y sigs.

[48] DE MARTINO, *La giurisdizione,* pág. 219.